決定版

一流のプロの"頭の中"にある

仕事の道具箱

中島孝志

青春出版社

はじめに

この本は、ビジネスのさまざまな場面で役に立つノウハウを「道具」に見立てて詰め合わせたツールボックスである。3万人の経営者やビジネスパーソンを取材した中から、一流の仕事をする人に認められてきた「選りすぐりの道具」を入れてある。

一流と呼ばれる人、仕事ができる人たちは、短時間で膨大な量の仕事をこなし、かつ質の高い成果をあげる。

なぜ、そんなことができるのか。それは、彼らの頭の中に、同じ努力でもグンと効率がよくなる、少しの力を何倍にも変換する、そんなテコのような道具を持っているからだ。

効率よく仕事ができる道具、問題の解決にはどうすればいいかを考える道具、いいアイデアがどんどん湧き出す道具、使える情報を整理する道具……。これらの道具をあなたの仕事に生かしてもらいたい。

使い方はあなた次第。あなたにとってベストの方法でツールを使いこなしていただければ、それでいい。自分流にカスタマイズした道具をここに加えれば、もう最強だ。

目次

1章

仕事が速い人の時間の道具箱

2章 いい考えがどんどん生まれる アイデアの道具箱

3章

最小の労力で最大の成果を生み出す 情報整理の道具箱

4章

効率よく仕事を進める 段取りの道具箱

5章 仕事の壁を突破する 問題解決の道具箱

8章

売れる道具箱

営業力を何倍にも強化する

9章

心の道具箱

ストレスに負けない

10章

夢や目標を実現する人の **成功の道具箱**

カバー&本文イラスト・本文デザイン　山本伸之

本文DTP　センターメディア

1章

仕事が速い人の 時間の道具箱

時間の道具 1

時間・範囲分割集中法

一流の人は時間を「分割」して活用する

私は編集者時代、「ロケット博士」と呼ばれた故・糸川英夫さんの企画でベストセラーを連発したことがある（ちなみに、探査機はやぶさが着陸し、大きな話題となった小惑星「イトカワ」は、博士の名に因《ちな》んで命名された）。この糸川さんは、東大退官後にチェロを弾くことを始めたのだが、その修得法がユニークだった。

たとえば20小節ある曲なら、これを細切れにする。そして1小節ずつ、20日間でマスターするのである。それも順序にはこだわらない。たとえば出だしが難しくて、12小節目が簡単なら、平気で12小節目から始め、出だしは後回しにしてしまう。結果、一曲を最速で弾けるようになってしまうのである。

これは時間を分割し、途中にコーヒーブレイクをはさむ方法と基本的には変わらない。「タイム・シェアリング」（時間分割法）にしても、「ワーク・シェアリング」（仕事分割法）にしても、もともとの発想は同じである。1日で2時間なら2時間、「この時間に集中する」という時間を設け、その間に重要なことを処理してしまう。1日に10時間より、2時間ずつ5日間が効果的、これは科学的にも「レミニセンス現象」として知られるものだ。ぜひ活用してほしい。

緊急プロジェクトチームを作って問題解決する場合の時間・範囲分割集中法

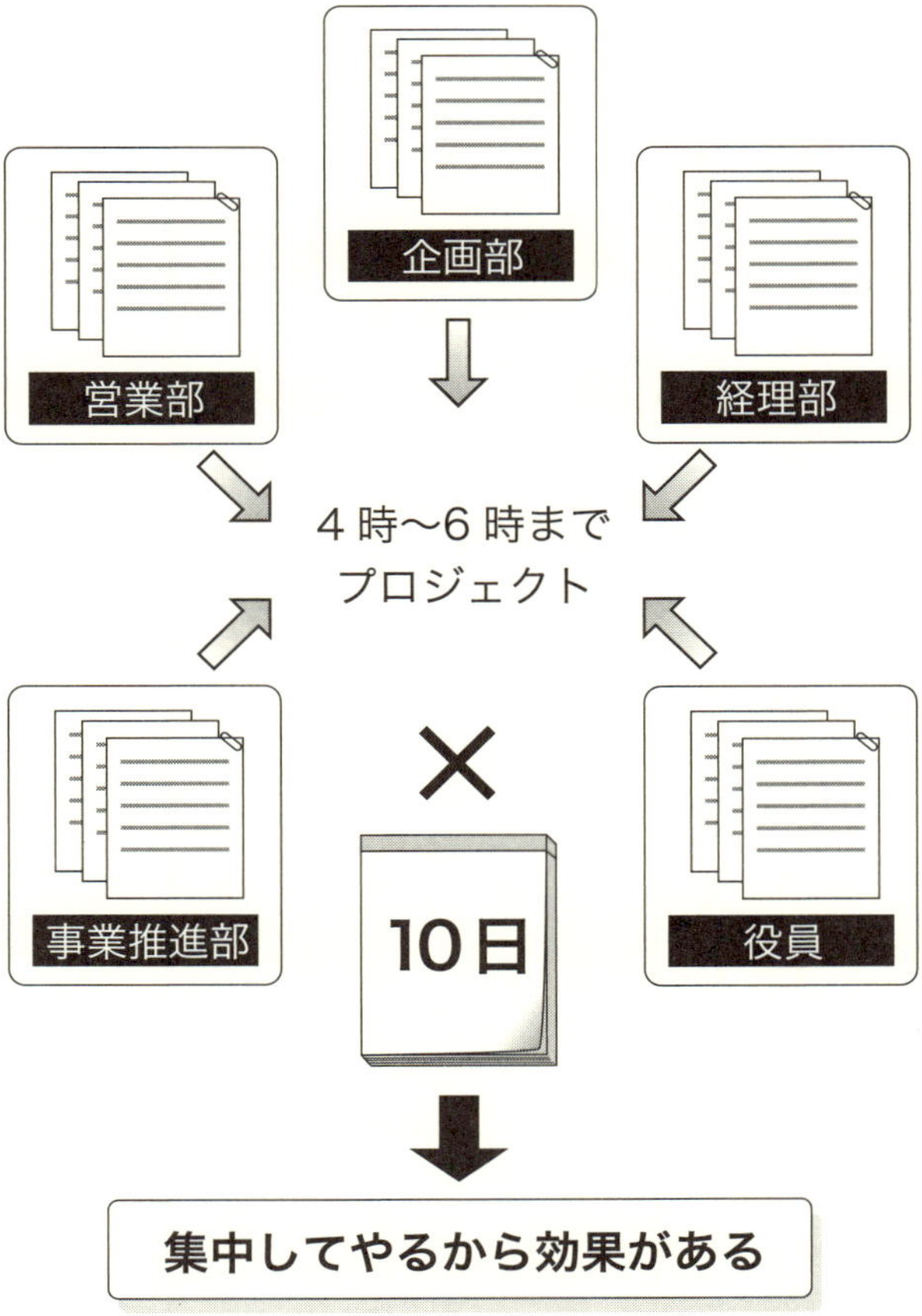

時間の道具
2

時間のABC分類

時間配分は「分散投下」ではなく「集中投下」方式で

営業の世界で定番となっているランチェスター戦略に、「ABC分析」というものがある。これは顧客を実績でABCの3つに分け、訪問などの時間配分を練るというもの。たとえば、Aランクの取引先は営業マンに毎日訪問させる、Cランクの取引先は切り捨てていいとして、Bランクの取引先をいかに維持し育てていくかが、営業のポイント。つまり、戦力（営業マン）と経費を儲かる部分に徹底集中するのである。GEの元CEOだったジャック・ウェルチ流に「選択と集中」で売上と利益を徹底的に拡大させるのだ。

このように重要度を3つに分けてタイムマネジメントをすれば、非常にスムーズに行動することが可能なのだ。

明治大学の齋藤孝教授が提唱する「3色ボールペン」を使った時間配分法を紹介しよう。やり方はいたって簡単、どうしても大事という予定は赤、まあ大事といった用事は青、自分が楽しいと思える用事や遊びは緑と、あらかじめ分けて手帳に書き込んでしまう。赤ばかりだとストレスが溜まる（詳しくは代表作『段取り力』を見てほしい）。配分がうまくいけば、効率は非常によくなるだろう。

3段階に分けた時間配分

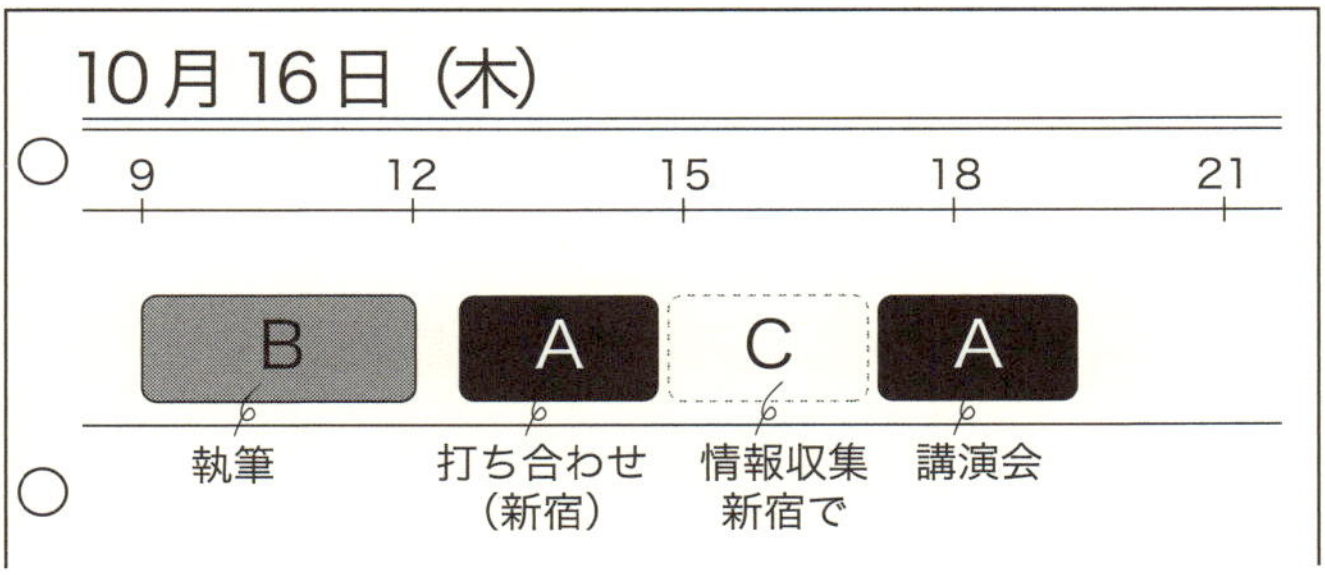

■営業の「ABC分析」

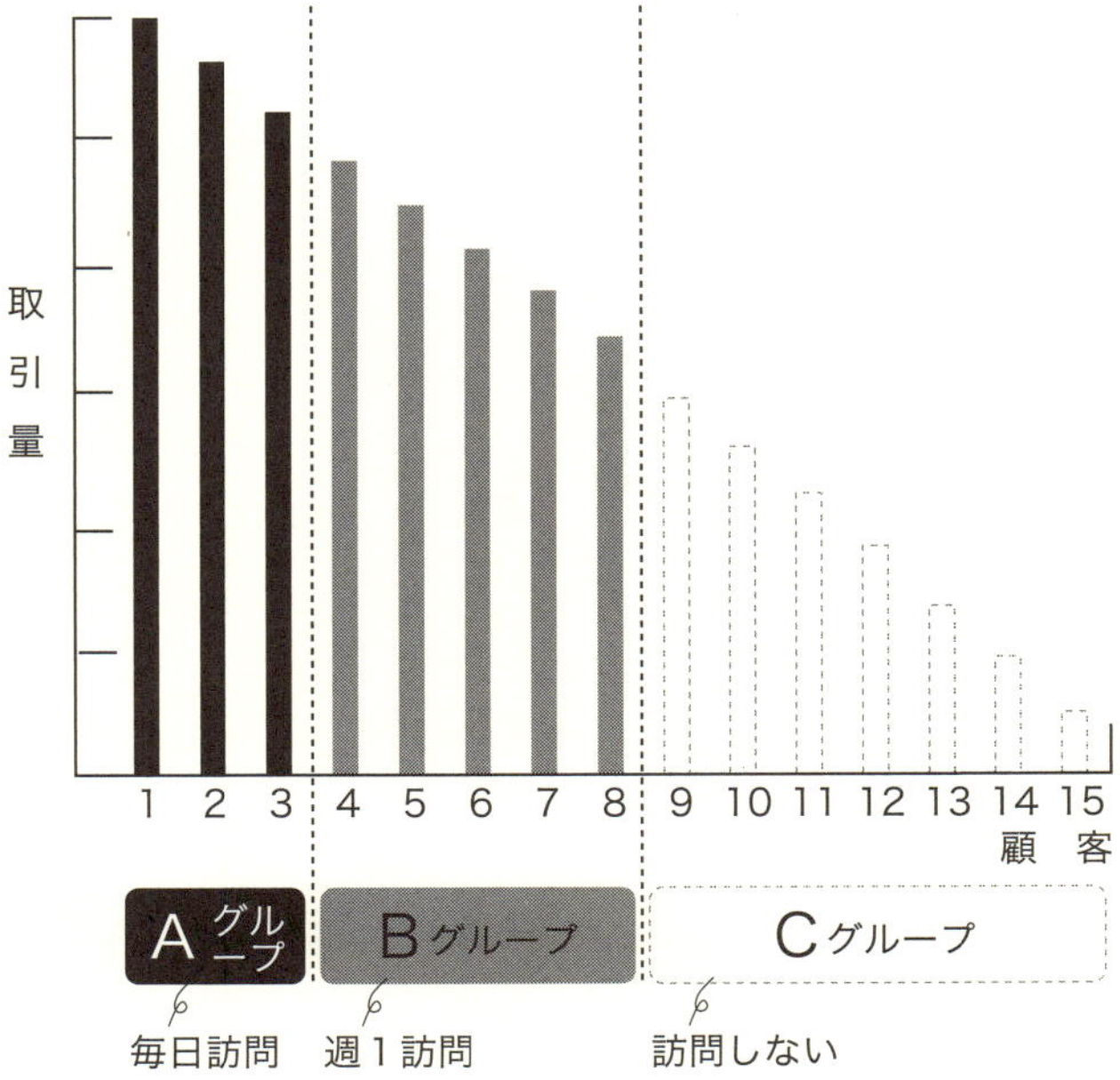

時間の道具 3

コア・タイム活用法

最も集中力が高まる時間を上手に使いこなせ

人には「コア・タイム」という、脳が最も活発に働く時間がある。集中する2時間や、前項でAに指定したような重要事項をこの時間帯にぶつければ、その効果は図り知れない。

このコア・タイムには、それぞれの生活習慣によって決まる心理的なものと、生物学的に決まっているものがある。前者は人それぞれだが、後者ははっきりわかる。それはズバリ、朝の7時なのである。

これには理由がある。心身を活性化させるホルモンに、アドレナリンとコルチコイドの二つがあるが、その分泌量が、この時間にピークを迎えるのだ。これはヒトが原始時代から朝にシフトしていた名残り、仕方ないといえば仕方ない。

早起きは無理、と言うならセカンドベストは朝11時か午後3時だが、これには問題がある。脳は食事をとるとブドウ糖を補給し、1時間くらいでピークを迎え、それからは下降していく。つまり7時なら6時に朝食をとればいいが、11時だと10時に、3時だと2時に食事をとらねばならない。私のような自由業はともかく、会社員には少し無理があるだろう。やはり朝が大事といわれるのには、確固たる理由がありそうである。

人間のコア・タイム

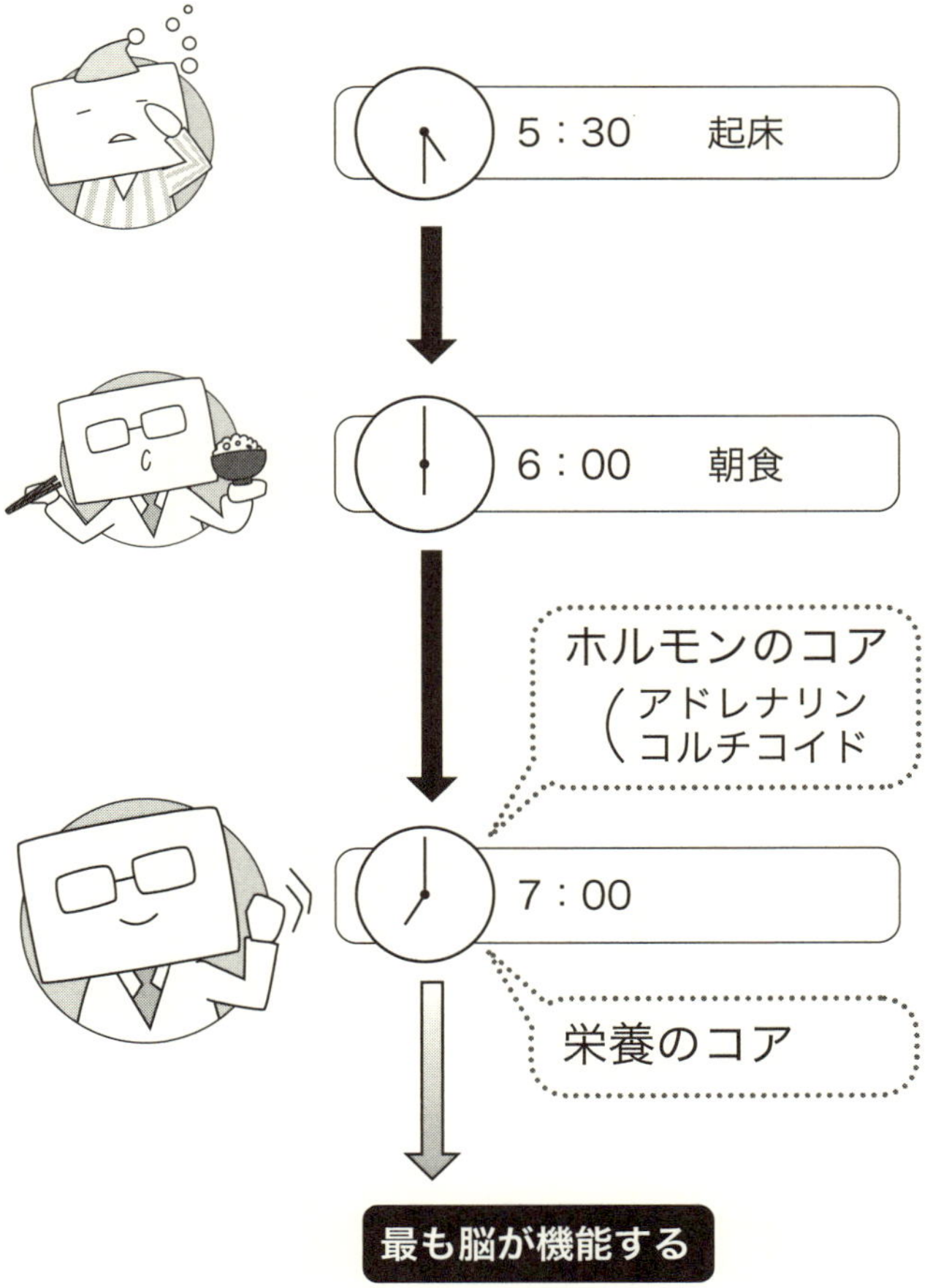

時間の道具 4

朝時間の活用

仕事ができる人に、なぜ「朝型人間」が多いのか

仕事ができる人は、たいてい朝の時間を有効に使っているものだ。ソフトバンクの孫正義さんとかトヨタ自動車の豊田章男さんなどみな早起きだし、スポーツ界でも角界でも朝練、朝稽古は常識だ。ヨーロッパで活躍する本田圭佑さんや香川真司さんも早朝練習を欠かしたことがない。

元経団連会長で元東芝社長の土光敏夫さんという人もいた。この人は、役員連中が朝、新聞を読んでいると叱りつけたそうだ。会社に来る前にやれ、ということである。

要するに朝早く起きれば、やれることはいくらでもあるのだ。後出の「考える5分」もそうだが、ふだんできない企画発想や改善提案を考える時間もできる。マネジメントの策も練れる。インターネットで情報収集もできる。やろうと思えば人脈だって作れる。

ウソではない。知人の丸山敏秋さんが理事長を務める倫理研究所では、一貫して早朝勉強会を開催している。私も出席したことがあるが、懇親会目当てでなく熱意ある人が集まるから、有望な人間が多く集まるのである。こんな勉強会は他にも多い。

その他、朝にできることをざっと次ページに挙げてみた。朝時間の活用で成功した人は多い。私はいつもより45分早く出社することをお勧めする。さっそく明日、試してみてはどうだろうか。

「朝一番出社」10のメリット

1. 上司や周囲の人間たちの注目を集める
2. 時間を長く使える
3. 仕事の始動を早くして、段取りよくできる
4. 忙しい時間にできない「考える時間」が取れる

5. 身の回りの整理整頓など、雑務的なことができる

6. 突発事故が起こっても、あとで時間が取り戻せる
7. 取引先と連絡がつく確立が高い

8. メールチェック、返信などを始業前にできる
9. 通勤時間に座れるので何かができる
10. 人間関係を作るための”ひと工夫”ができる

時間の道具 5

一日3分割法

私が「4時起き」だから成功できた理由

「朝時間の活用」を紹介したが、私は朝型人間どころか、朝4時起きのタイム・マネジメントを長年続けてきた人間である。実際に『朝4時起きの仕事術』という著書もあるくらいだ。

理由は多々あるが、一日を3分割して考えて時間管理をしていけば実に仕事が効率よくなることがわかる。まず起床から正午までは「過去の仕事」に集中して取り組む。連載や原稿執筆などの実務にあてる。いずれも依頼済みの仕事だから過去の仕事というわけだ。午前中なので出版社などからの連絡も少なく、非常にスムーズに仕事がはかどる。

昼からは現在進行形の仕事に取り組む。これは打ち合わせや講演やコンサルティング等である。

そして、夕刻以降は未来に活かせる仕事だ。企画作り、人脈作りといったら聞こえはいいが、要は資料を読みあさったり、映画を観たり、主宰する勉強会などでの講義やイベントである。

仕事内容で朝、昼、夕のどの時間にすべきかをきっちり3分割してしまうと、仕事がばらけずにすむ、結果として集中できるというわけだ。

時間もきっちり決めているから、午前の仕事をだらだら続けたりはしないし、徹夜仕事もしない。どんなに忙しくても「リズム」を崩さずに仕事ができるのである。

一日3分割法

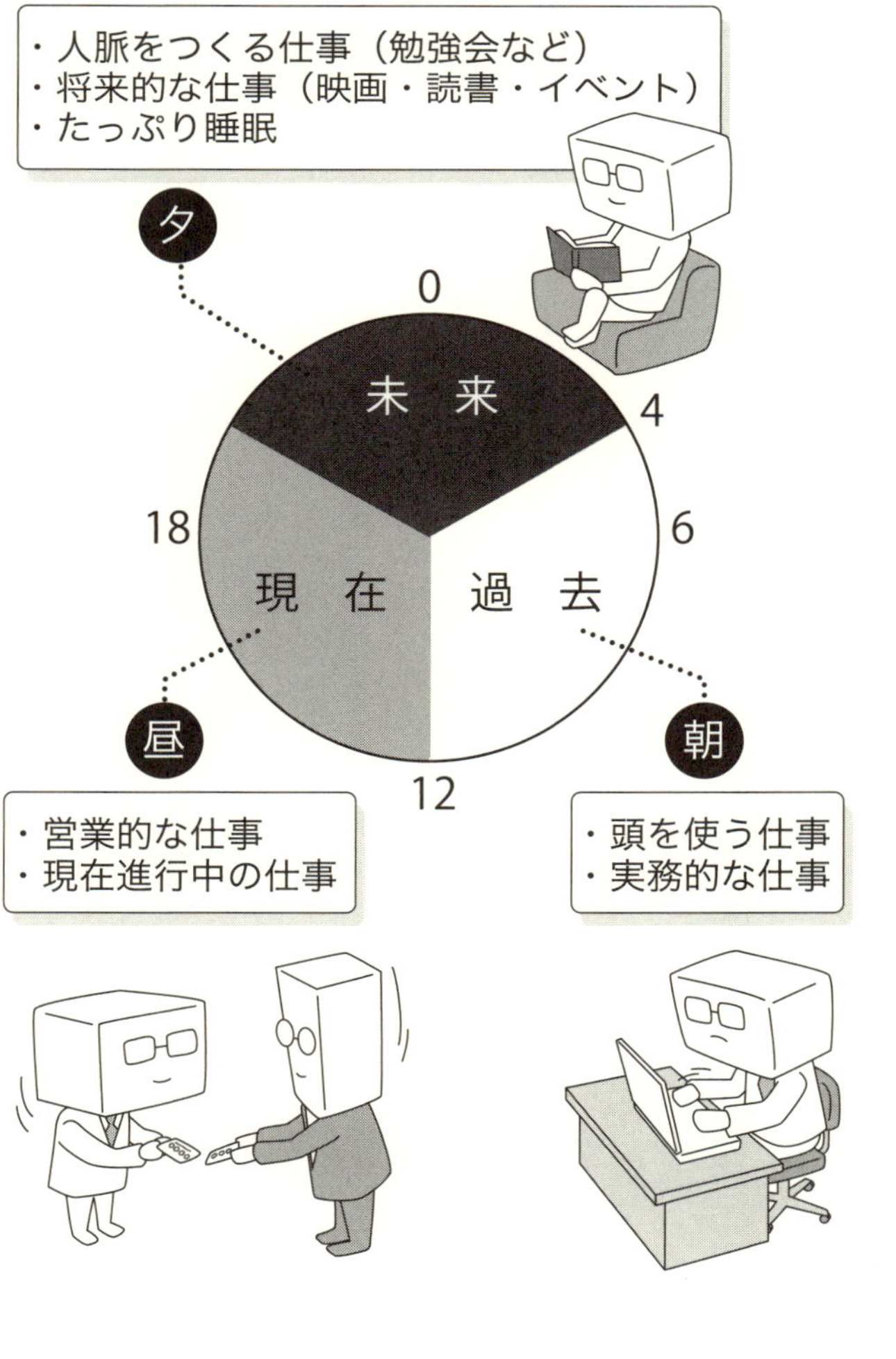
・人脈をつくる仕事（勉強会など）
・将来的な仕事（映画・読書・イベント）
・たっぷり睡眠
夕
0
未 来
4
18
6
現 在
過 去
昼
朝
12
・営業的な仕事
・現在進行中の仕事
・頭を使う仕事
・実務的な仕事

時間の道具 6

3分類法

「3」を意識すれば、集中して仕事ができる

集中モードに切り替える方法として、「一日3分割法」とあわせて活用しているのが「3分類法」だ。

「3分類法」とは仕事を次の3グループに分別処理することだ。

①こなす仕事……自分自身が懸命に取り組む。
②さばく仕事……得意なスタッフや業者にアウトソーシングする。
③はぶく仕事……すぐにやらずに様子を見る。あえて先送りや後回しにする。

この3分類で効率的な仕事ができるようになる。

「忙しい忙しい！」が口癖の人ほど、仕事の全体像を分析せず力任せに取りかかってしまっているのではなかろうか。

仕事のキモはどこか？　全体と部分を腑分けし、カテゴリーごとに集中して一気呵成に取り組んではどうだろうか？

すべての仕事を3つに分ける！

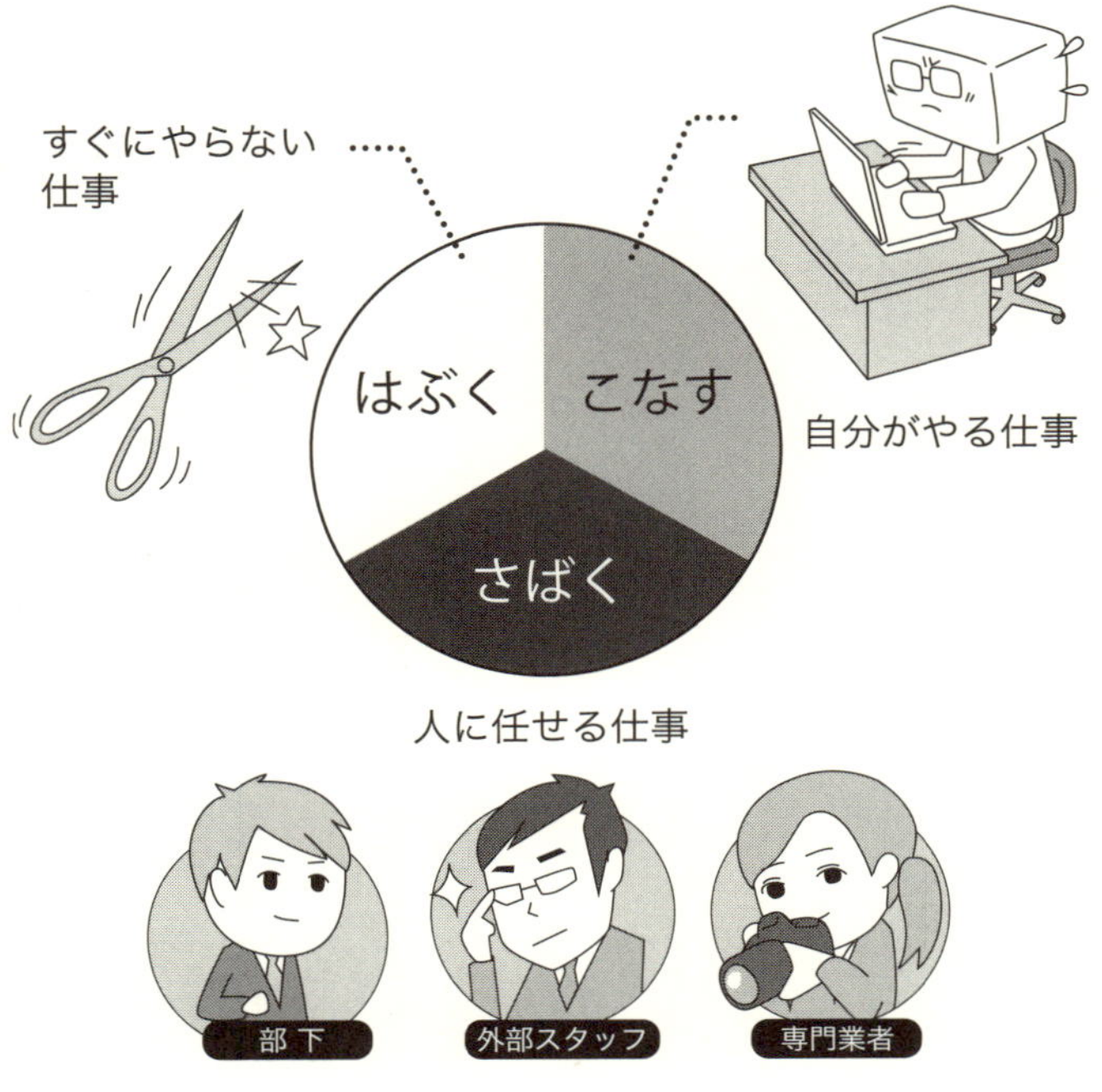

仕事の全体像を把握し、全体と部分に分別処理することで集中して効率的に仕事ができる

時間の道具 7

ニッチタイム活用法

すき間時間を生かせば、どんな自己実現も可能になる

時間を味方につけるために大切なことは、「10分を最大限に生かす」ということである。これには理由がある。なぜ、私が月に1冊ペースで本を刊行し、年間に3000冊の本を読めるのか。それだけではない、25歳で勉強会を始め、29歳で著書を書くことができた理由も、すべて「10分刻み」のニッチタイム（すき間時間）を心がけてきたからなのである。

実は10分という時間があれば、かなりたくさんのことができる。NHKの英語講座だってイントロを除けば正味10分である。

10分あればなんでもできる。10分以上の「すきま時間」は、1日のうちいくらでもある。通勤時間などを考えれば、おそらく多くのビジネスマンが、この何倍もの時間を無駄にしているだろう。

とくに、①目的意識をしっかりさせること、②集中力を高めること、が重要である。

目的意識がはっきりしないと、軌道に乗せるまでに時間がかかる。そうすると10分など、あっという間に過ぎてしまう。最初から10分を使いこなす計画性が大事なのだ。

10分で、あらゆることができる！

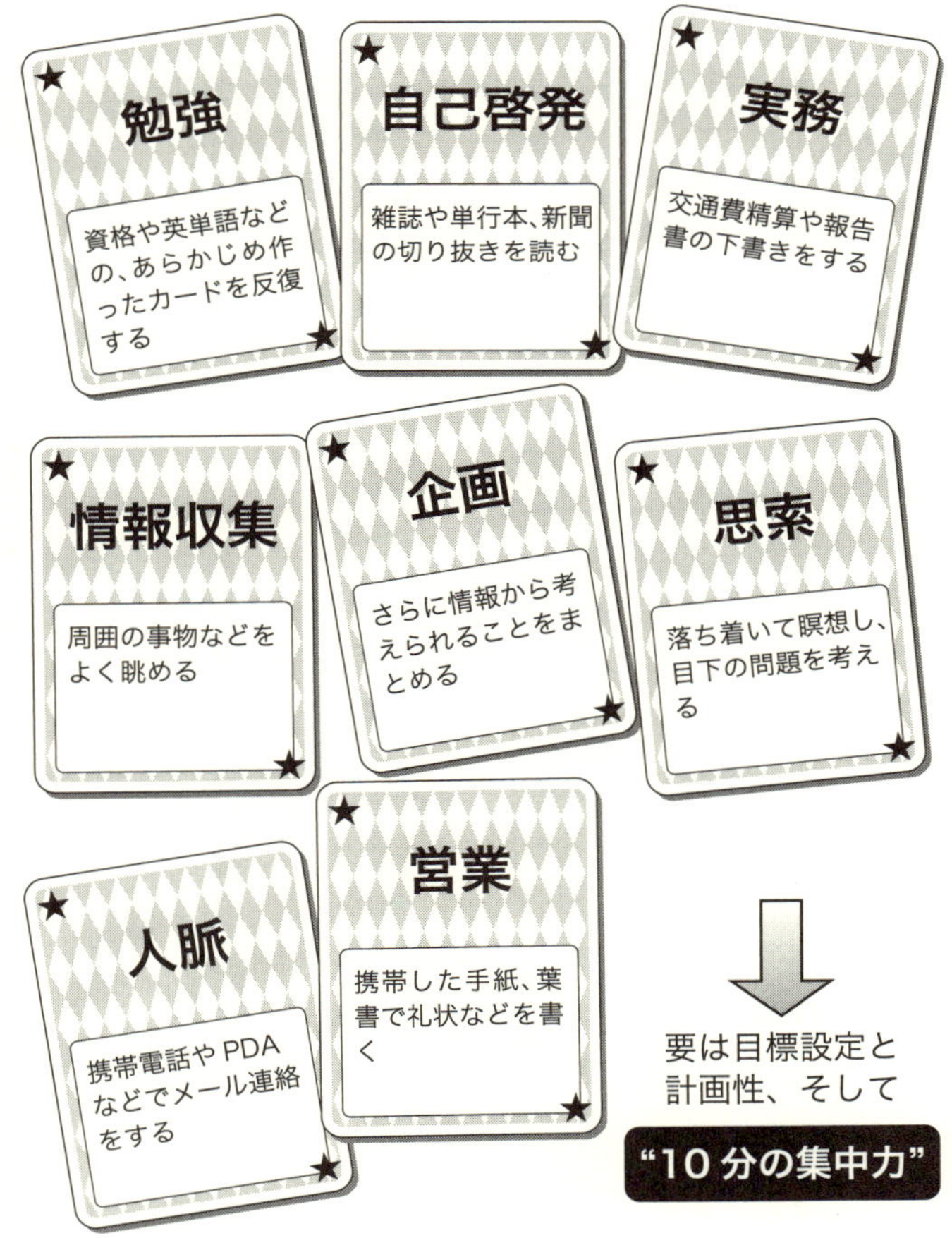

時間の道具 8

5分間シミュレーション

たった5分の差が、1日の充実度を決めてしまう！

「勝者と敗者を分けるものは、1日5分間、考えるかどうかで決まる」

これは『トム・ソーヤの冒険』で有名なアメリカの作家、マーク・トウェインが、成功の秘訣を問われたときに答えた言葉だ。

実はこんな思考の時間を取れるかどうかが、仕事にとっては非常に重要なのだ。

どうしてもビジネスマンは、仕事が忙しくなると、ルーティンワークに徹してしまう。たとえば、毎月膨大な量のレポートを提出している会社があったとする。起業当初は、現状を改善するために必要だったが、今はそのレポートを見る人すらいない。

「こんなの無駄ではないか？」

たったそれだけに気づく余裕のない会社、というのも現に多く存在しているのである。

有能な経営者には、朝早く出社する人も多い。人一倍、仕事を多くしよう、そういうわけではない。実は考える時間を作る——たったそれだけのために、早く来るのだ。業務時間だと、どうしても忙殺されてしまう。だから誰もいない、取引先も始まっていない、そんな時間にこの機会を作る。この差が成功者を決めるのである。

たとえば、5分、目の前の仕事について考えてみる

❶ どうすれば、もっと効率的にできるか

▼

❷ どうすれば、もっと違う方法でできるか

▼

❸ どうすれば、この仕事そのものをなくせるか

↓

これが“革新”を生むことすらある

時間の道具 9

「すぐ始める」術

速く仕事をするには、早く始めればいい

売上や成果とは別に、仕事には普通、以下のような評価価値がついてくる。

①正確さ、②丁寧さ、③速さ

たとえば、若手のビジネスマンの場合、一番求められるのはどれか?

これは何といっても速さなのである。1日でもいいから、早めに上げる。そうすれば、万一、不満だった場合にもやり直しができる。そうすれば最終的に、完璧に近い仕事ができるのである。ギリギリの提出だったら、上司はそのまま進行するか、自分で直してしまう。そうしたら「彼はまだまだだな!」という評価が残るだけだ。

では速く仕事をするにはどうすればいいか。これは簡単、早く仕事を始めればいい。たいていの実務は短距離走と同じ、スタートで最も差がつくのである。

しかし、これが言うは易し。実は仕事を始めるまでというのが、誰しもグズグズして、なかなか自分を乗せられない。信越化学工業の経理に携わり、会計業務の達人といわれた金児昭さんも、その一人だった。そこで自己分析した結果が図の通り。逆にこれらを自分に問うて、「そんなことない」と言い聞かせれば、体も動き出すということだ。

なぜ、すぐに仕事ができないのか？

❶ ほかに何か
やりたい事がある

❷ やりたいことに時間を
とられつのが嫌だから

❸ 自分がやらなくても
よいと思うから

❹ やっても無駄だと
わかっているから

❺ 単調な仕事で
とっつきにくいから

❻ 気分が乗らないから

❼ 自分が不得意な
ことだから

❽ やっても誰も評価
してくれないから

❾ やっても楽しくないから

❿ やっても誰も
喜んでくれないから

↓

自己分析ができたら
「いつかは必ずやらなければならないんだ」
と、自分に言い聞かす！

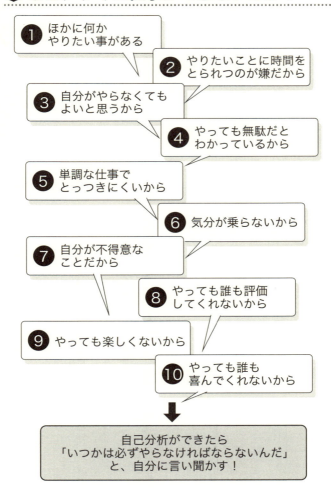

時間の道具 10

パワーランチ

週1回の人脈開発のすすめ

パワーランチとは、元々は、クライアントとランチをとりながら商談を進めることをさしていたが、いまや、勉強や人脈開発のためにだれかとランチをともにすることをそう呼ぶようになった。週1回くらいは社外の人間と情報交換のつもりでランチをとってみるといい。私はどうかといえば、パワーランチでなくパワー朝食派。毎月定期的に行われている論語の輪読会に参加している。朝7時スタートである。

もちろん、朝食が目当てではない。〝人脈〟を食っている。こんな早朝に開かれる輪読会に毎回100人もの経営者やビジネスパーソンが集まってくるのだからすごいものだ。いったいどこに魅力があるのかといえば、やはり、情報＝インテリジェンスだと思う。

新聞、テレビ、インターネットがどんなに速報性が優れているとはいっても、しょせん、2次情報、3次情報に過ぎない。その点、旬の情報は人が持っている。まして、アイデアとなると人間以外から入ることはありえない。感度のいい勉強熱心なビジネスパーソンが集まるのだ。無駄な情報は少ないと思う。事実、わたしもこの勉強会で無駄な時間を過ごしたと感じたことは一度もない。

パワーブレックファストとパワーランチ

“いつもの１時間” が人脈＆情報を
シェアする時間に変わる！

時間の道具 11

リニア思考法

できる人は「筋」を読んで考える

「ポットにお湯をお願い」とあなたが頼まれたらどうするか？ たいていの人はこうだ。やかんに水を入れて火をつける。沸いたらポットに移して完了。けど、中にはこんなやり方をする人もいる。最初にポットに水を入れる。次にそれをやかんに移して沸かす。水が足りなかったり多すぎたりしてはムダだから、目分量ではなく適正量の水だけを沸かそうというわけだ。

前者は行き当たりばったり、後者は「プロセス（＝筋）管理」をしていることに気づかないだろうか？ この次はこうなる。その次は……と次々に先の先を読む。「リニア思考法」とはこのように（仕事の）筋を読むことなのだ。ちなみに後者の仕事は新人時代の市村清さん（リコー創業者）である。

この筋は一本道とはかぎらない。何本もの筋（＝選択肢）があったり、途中でその筋が折れていたり、窪んでいたりして見えなくなってしまうことも少なくない。とくに重要な仕事をしている人であるほど、「このままの調子でOK（左図B）」ではなくて、「工夫次第ではAにもなるけど、手を抜いたらCになる」と考えてほしいのだ。なにもせずにいままで通り進むものなんて、世の中には1つもないのだ。

仕事の筋を読む！

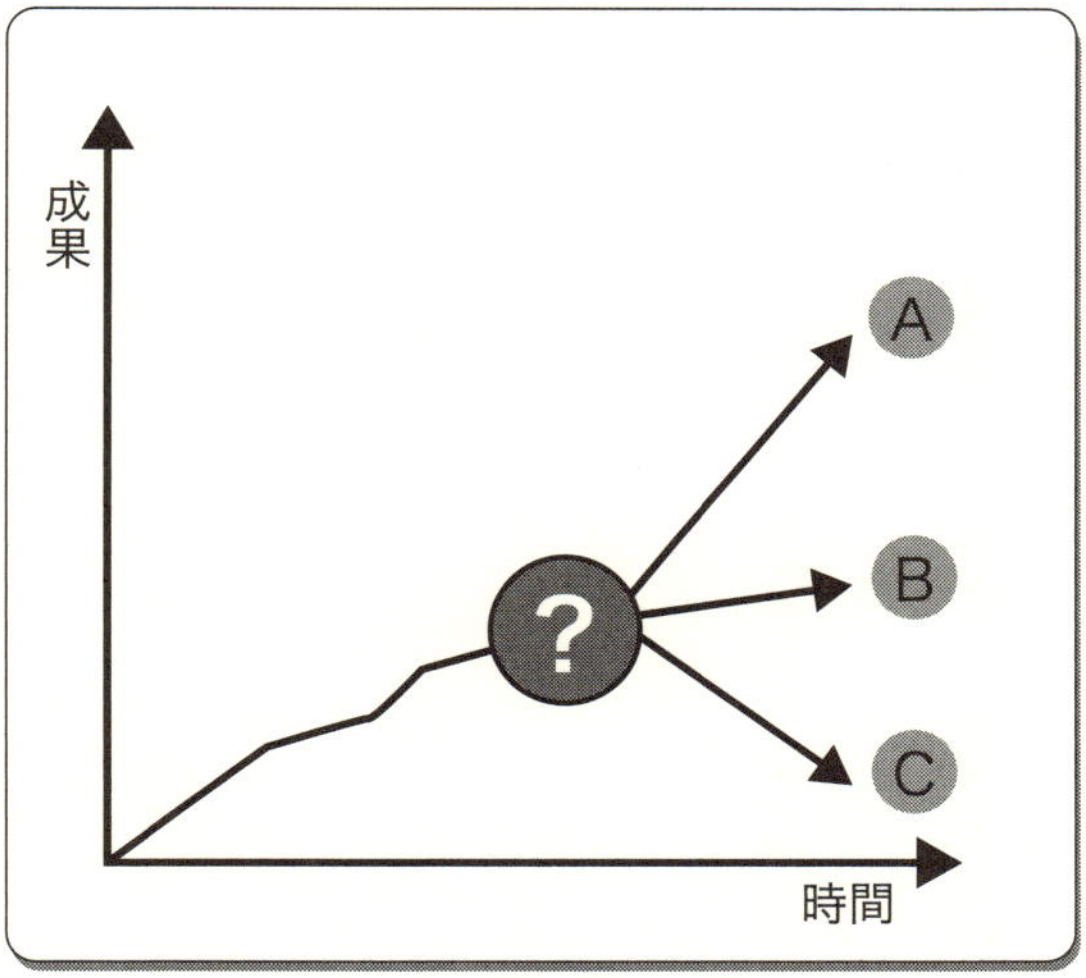

？になにをするか…

❶ 創意工夫＋投資 ▶▶▶ A

❷ 現状維持 ▶▶▶ B or C

❸ あぐら ▶▶▶ C

時間の道具
12

逆リニア思考法

トップシェアを取る、あのジョブズの流儀

リニア思考法はどちらかといえば、現在を起点にして近接未来を読もうとするものだが、逆に未来を起点にして、現在、なにをすべきかを考えるという思考法もある。いわば、「逆リニア思考法」ともいうべきものだ。

この思考法の典型はアップルの故スティーブ・ジョブズ（CEO）だろう。iMac、iPod、iPhoneなど、革新的な製品を世に送り出したカリスマ経営者である。

「今の技術がこうだから、未来にこういうものを出したい」と考えるのではなく、ジョブズ流に表現すると、「どうあってもコンピュータをプラスティックのケースに入れたい」としてアップルⅡを、「音楽好きがいったいなにを求めているか?」「ポケットにすべての音楽ライブラリーを入れて持ち歩く」「美しい音楽プレイヤーを見苦しいACアダプターで台無しにしたくない」としてiPodをそれぞれ開発してしまうのである。

逆リニア思考法とは、現在（スタート地点）から未来（ゴール）を予測するのではなく、最初に「理想の状態＝ゴール＝近接未来」に点を打つ。そして、そこにいたるにはどうすべきかを逆算して対策を練るのである。

未来から逆演算する思考法

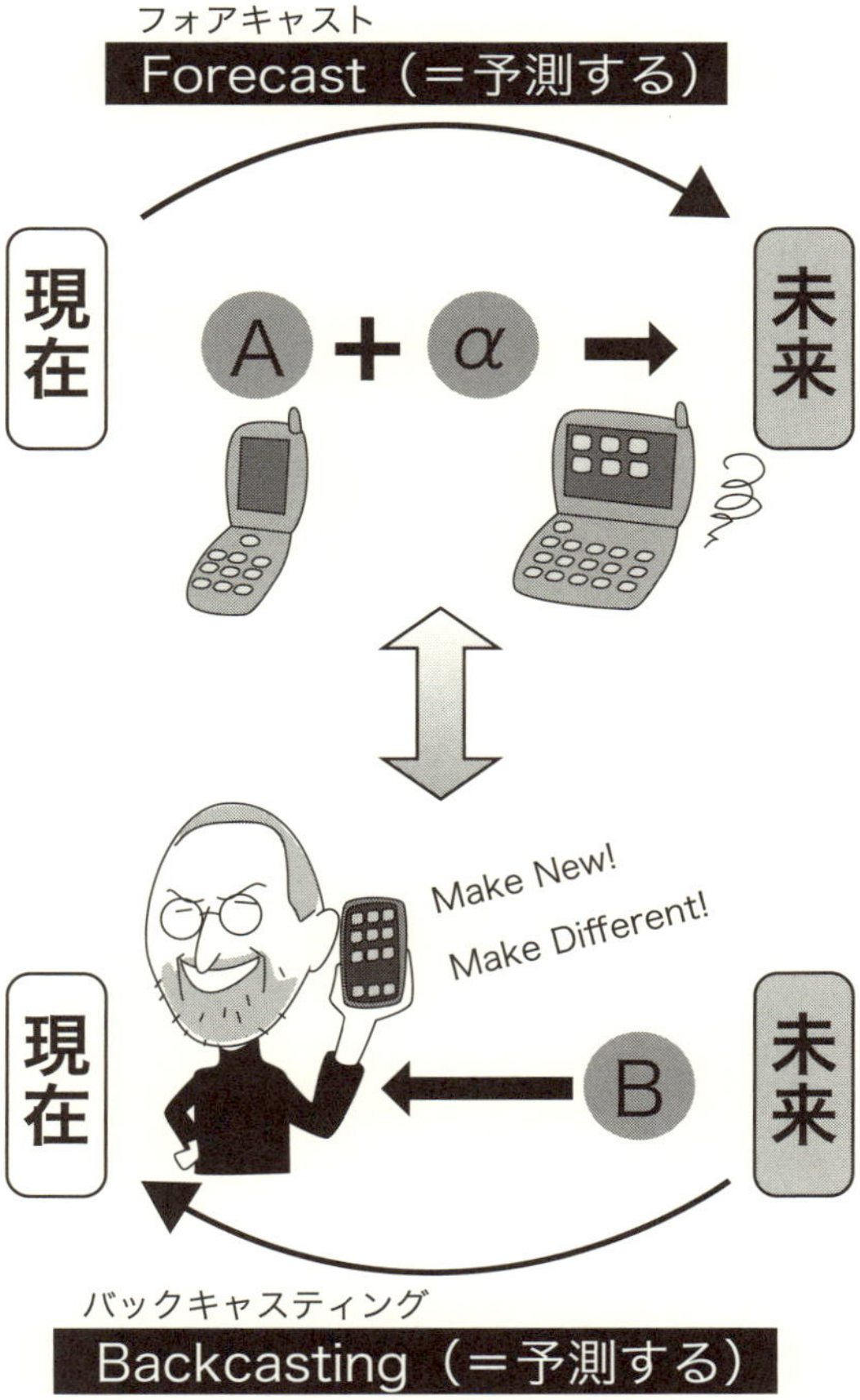

2章

いい考えがどんどん生まれる
アイデアの道具箱

アイデアの道具 1

用途開発

ほかにどんな使い道があるか連想する

いままでの使い道にはない新方法を考える。これを用途開発という。

代表的なものではチタンがある。このレアメタルはいまも昔も引っ張りだこだ。なにしろ軽くて丈夫。元々は宇宙ロケット、ミサイル、ジェット戦闘機、潜水艦の材料として活用されてきた。この素材をロケットだけに使わせておくのはもったいない。ほかに使える分野があるんじゃないか、と考える（これが次図で紹介した「オズボーンのチェックリスト①」の視点だ。ちなみに、オズボーンは後で紹介するブレストの考案者として有名だ）。

チタンの特徴は強靱で軽いこと。強靱であるほど、軽いほど、使いやすい商品はないか？　金属バットにしたらどうだろう？　ヨットやタンカーにできないか？　車はどうだ？　ゴルフクラブなら、スイートスポットが広くて下手な人でもちゃんと当たるデカヘッドになる。これは大ヒット商品になっている。

あなたが手がけている仕事も視点を変えると、あれにも使える、これにも使えるとなるかもしれない。俳優だって昔は強面の二枚目だったが、いまやお笑い芸人と一緒にひな壇に並んでいる人もいる。これも自分自身を用途開発したといえる。

オズボーンのチェックリスト

- □ ❶ Other use（別用途）
  他に使い道はないか？
- □ ❷ Adapt（応用）
  似たものをマネできないか？
- □ ❸ Modify（変更）
  （味、色、音、素材などを）変えてみたら？
- □ ❹ Magnify（拡大）
  大きくしてみたらどうか？
- □ ❺ Minify（縮小）
  小さくしてみたらどうか？
- □ ❻ Substitute（代用）
  他のもので代用できないか？
- □ ❼ Rearrange（再配置）
  入れ替えたらどうか？
- □ ❽ Reverse（逆転）
  逆にしてみたらどうか？
- □ ❾ Combine（統合）
  組み合わせてみたらどうか？

アイデアの道具
2

極大化アプローチ

より大きく、強く、増やしてみる

付加価値という名の通り、従来の基本形に少しプラスαしてみる。それだけでヒット企画になることは少なくない。ランチタイムだけラーメンに餃子をサービスでつけてみる。要はおまけをプラスする。「より大きくする」「より強くする」「より高くする」「より長くする」「より厚くする」「さらに増やす」……にはどうすればいいかを考えてみる（オズボーンのチェックリスト④の視点）。

あなたの仕事でプラスαできるものはないだろうか？　このとき、ポイントは2つある。1つはリニア（直線）の思考法、もう1つはノンリニア（非直線）の思考法である。

リニア思考法による極大化は、たとえば、お店を経営しているなら、オープン時間を延長する。365日24時間営業にする。

ノンリニア思考法にすると、午前11時～夜9時まではレストラン。夜9時から翌朝6時まではカラオケスナックに変える。これも極大化のバリエーションだ。さらに突っ込めば、この第2部の活用を別の経営者に任せてもいい。つまり、店をレンタルさせてしまうことだ。ホテル経営がまさにそれ。宿泊、飲食以外にウエディング、パーティなどのイベント活用がある。

極大化アプローチ

より大きく
ラージサイズの服
専門店
Big
より強く
高級家電
高級炊飯器
掃除機
増量する
増量飲料
より高く
メガマック
デカ盛り弁当
メガ食品・デカ盛り
24
24時間営業の店
eneloop
エネループ
(繰り返し使える充電池)
より厚く
より長く
厚切りパン
厚切りポテト
厚切りフード

アイデアの道具 3

極小化アプローチ

より小さく、軽く、少なくしてみる

行き詰まったときに即効性のある考え方は、「ミニチュア化できないか?」という視点で見ることだ(オズボーンのチェックリスト⑤)。「より小さく」「より軽く」「より低く」「より短く」「より少なく」。足し算ではなく「引き算」のメリットを盛り込んでみる。

引き算タイプのヒット商品にはウォークマンがある。徹底的に音質にこだわり、軽量化し、携帯に便利なデザインにして成功した。世界中の音楽好きにウケた。携帯音楽機器のマーケットはソニーが開発した(アップルがiＰｏｄを発表すると一気に流れが変わってしまったが)。

「ＱＢ ＨＯＵＳＥ」という10分1０００円の床屋さんは洗髪、洗顔、顔剃りなしのアメリカンスタイルである。禁煙、携帯電話も禁止。電話応対にかかる時間もはぶくため全店に電話は設置されていない。トイレもない。カットした髪はエアウォッシャーで吸い取る。タオルは1人に1枚、クシもお客にそのままプレゼント。早い話が、使い終わった「ゴミ」はお客にすべて持ち帰ってもらうというわけだ。代金は1０００円札専用の券売機でカードを買って店員に差し出すだけ。すると提携した銀行に入金されるから経理も不要という明朗会計だ。

ダウンサイジングのメリット。これを付加価値ではなく「負荷価値」と私は呼んでいる。

極小化アプローチ

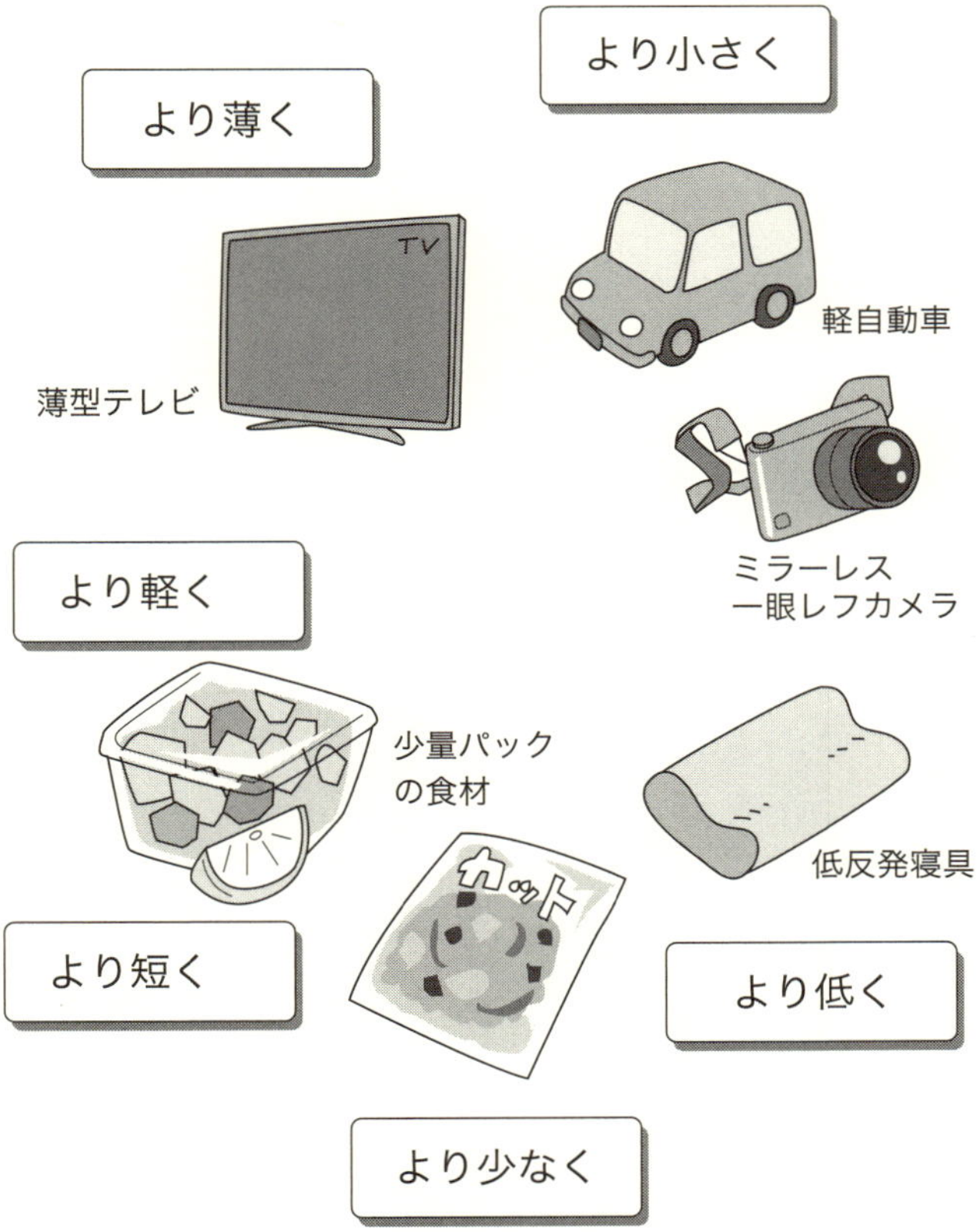
より小さく
より薄く
軽自動車
薄型テレビ
ミラーレス
一眼レフカメラ
より軽く
少量パック
の食材
低反発寝具
より短く
より低く
より少なく

アイデアの道具 4

トランスファー発想法

ちょっと入れ替えるだけで新しいものが生まれる！

アイデア出しをするとき、「入れ替える」という視点（オズボーンのチェックリスト⑦）で見ると、新しいものが生まれる。たとえば、コピーライターの糸井重里さんがつくった有名なコピーをあげてみよう。

おいしい生活（西武百貨店）僕の君は世界一（パルコ）、うれしいね、サッちゃん（西武百貨店）。それぞれ、「甘い生活（フェデリコ・フェリーニの映画）」、「うちのママは世界一（アメリカでヒットしたテレビドラマ）」、童謡「サッちゃん」の一節である。共通点は「懐かしさ」にある。「あれ、どこかで聞いたことあるな」と耳がすんなり受け入れモードになってしまう。

考えが行き詰まったら、あれとこれとを交換して考えてみるといい。たとえば、女性服と男性服を入れ替えてしまう。入れ替えるだけでなく、ユニセックスにしてしまえばどちらも取り込める。これは正・反・合の思考法である。女性しか買わない商品を「男性にも買わせてやろう」と考えてもいい。

現在、社会人向けの大学や大学院が人気だ。「卒業してから本当の勉強がはじまる」と考えれば、「団塊世代８００万人」を大学や大学院に誘い込めばいいのだ。

入れ替える技術

文字を入れ替えたら？

ビール冷えてます ➡ プール冷えてます

（としまえん）

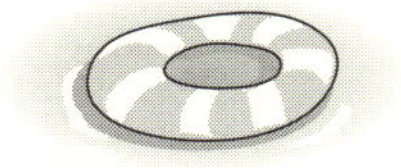

人（男女、大人と子供、若者と年寄り）を入れ替えたら？

化粧品 ➡ 男性用化粧品

受験勉強 ➡ 生涯学習

場所を入れ替えたら？

カメラ ➡ 水中カメラ

その他

用途を入れ替えたら

時間を入れ替えたら

順番を入れ替えたら

……

アイデアの道具 5

アイデアをつくる5ステップ

●あらゆるアイデアマンたちが実践してきた基本中の基本テク

1940年に発行され、今なお世界中のアイデアマンたちに、バイブルのように読まれている本をご存知だろうか?

その名も『アイデアのつくり方』(CCCメディアハウス)。著者はアメリカの広告マンだったジェームズ・W・ヤング。邦訳でも62ページという、まさに小冊子だ。

その世界を揺るがした5段階とは、図の通り。ああそう、と言えばそれまでだが、わかっているようで皆わかっていないのである。

ヤングの主張は「アイデアとは既存の要素の新しい組み合わせ」以外の何物でもない、というもの。だから、関連性さえ見つければしめたものなのだが、これが見つからない。だから重要なのは3段階から4段階への過程である。ここで重要なのは、とにかく考え続けるということ。潜在意識にしみわたるくらい自分のテーマを頭に刷り込んで、寝ていても考え続ける。

実は私はよく、これをやる。寝る前によく考えるべきテーマを検討しておくと、不思議に起きたらすぐアイデアが出ることがある(ただ、問題はすぐ忘れてしまうことか)。

ジェームズ・ヤングの アイデアを生む５段階

❶ 資料を集める

❷ 自分で資料についてあれこれ考えてみる

❸ 意識の外でアイデアが組み合わさるのを待つ

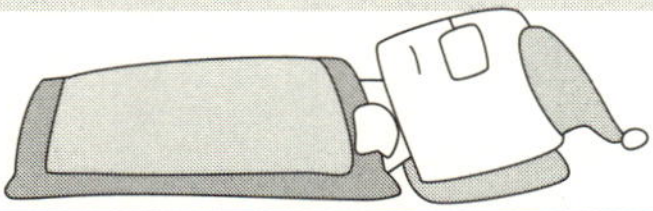

❹ アイデア誕生の瞬間を逃さずとらえる

❺ そのアイデアを具体化し、現実にもっていく

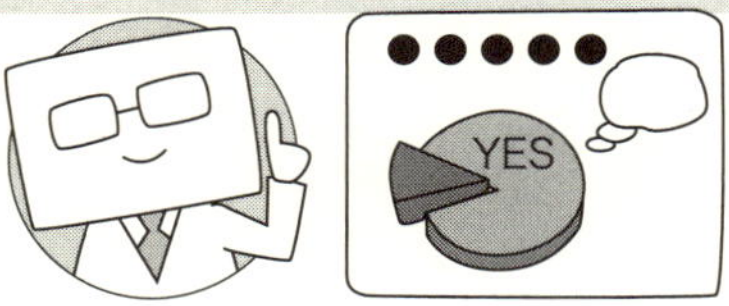

アイデアの道具 6

生物模倣メソッド

生き物の世界はヒントだらけ

世界から注目されている下町の町工場、「岡野工業」を主宰する岡野雅行さん。テルモという医療機器メーカーが「痛くない注射針」を販売しているが、このアイデアを商品化したのがこの人だ。長さ20ミリ、穴の直径80ミクロン（100分の8ミリ）、外径200ミクロン。従来の針より3割も細い。糖尿病患者はインシュリンを1年で1000本も注射する。それだけ打てば皮膚はカチカチで針が通りにくくなってしまう。それが解決できたのだから朗報である。

このアイデアをどこで発想したのか？　ヒントは「蚊」。蚊の針はあまりにも細いためか、いつ刺されたか気づかない。このように生物界からヒントを得て画期的なアイデアをひらめくケースは少なくない。

夜、電灯をつけるとなぜ虫が寄ってくるのか。虫が灯りを求めるのは紫外線の波長と関係がある。紫外線の波長は380ナノメーター前後。そこでガラスに特殊コーティングを施して、この波長だけをカットすると、虫は光を感知できないから近づいてこない。逆に、この波長を出すカゴに接着剤を塗っておけば虫が寄ってきて一網打尽できる。塗料メーカーとタイアップして商品化に成功している。

生物模倣技術（バイオミメティクス）

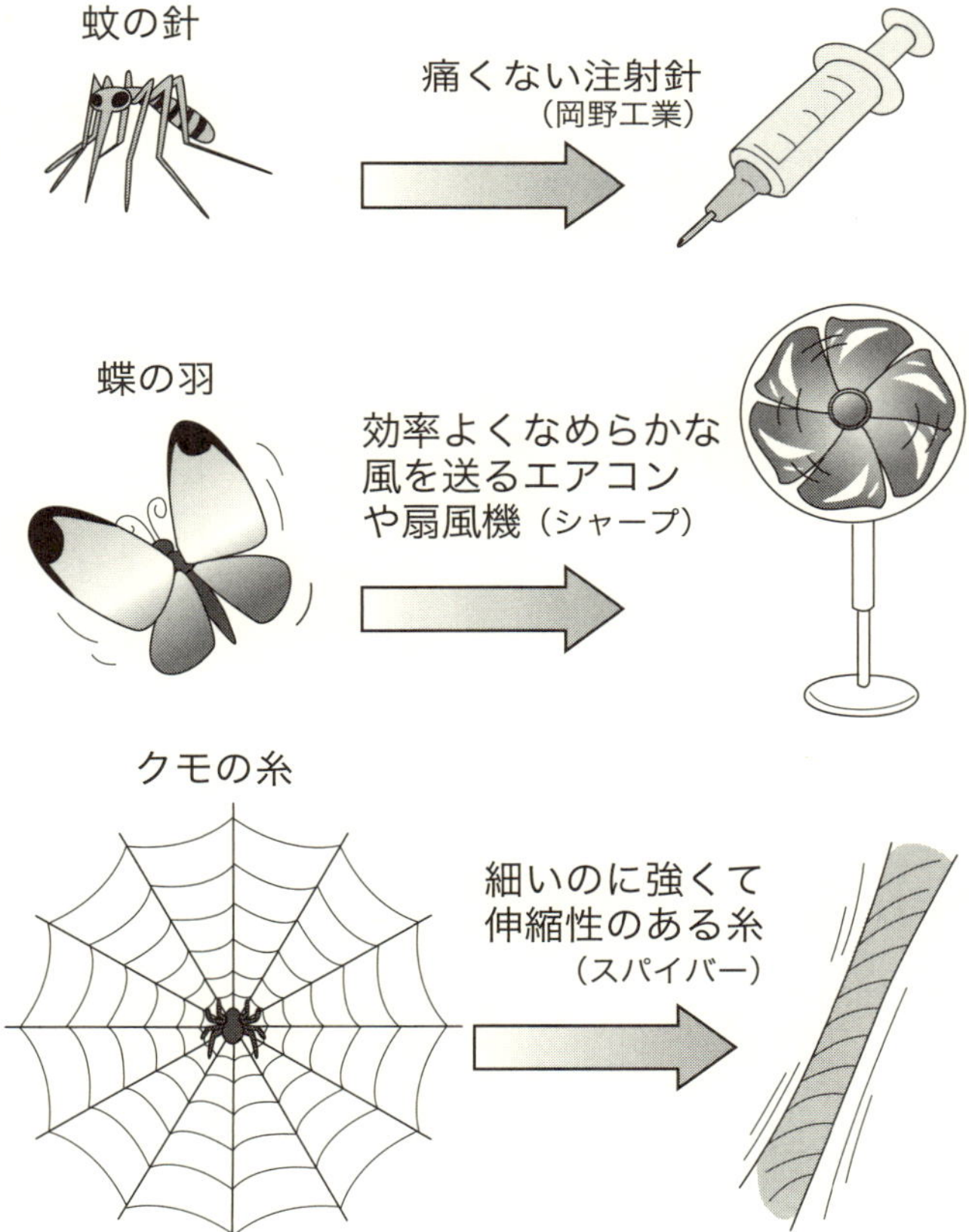

アイデアの道具 7

マインドマップ

一流たちに効果は実証済み！　イメージがどんどん広がる技法

方法は、中心テーマからまず10本ほどの鍵となるキーワードの枝を作り、そこから図のように放射線状に言葉をつなげていく。

拡げていくことで想像力をどんどん高めていく、おまけに記憶にも最適というツールだ。

提唱者はイギリス人のトニー・ブザンだが、次のように言う。

「脳は、色や形、線、質感、視覚的なリズムに訴えるもののほうを、より効果的に認知し、伝達していくものなのである。そもそも、イメージ、イマジネーションという言葉は、ラテン語で『心に絵を描く』という意味の『イマジナリ』から発展した言葉なのだ。イメージは言葉よりもはるかに印象的であり、脳の自然な働きそのものにかなっている。マインドマップでは『イメージ』を大切にする」（きこ書房『人生に奇跡を起こすノート術』）

だから、マインドマップはヴィジュアルであればあるほどいい。左図のように絵を使ったり、写真を使ったり、色を使ったりすると、より脳のパワーが発揮される。

実際に欧米のトップ企業がこれを採用しているくらいだから、効果は実証済みである。

マインドマップ

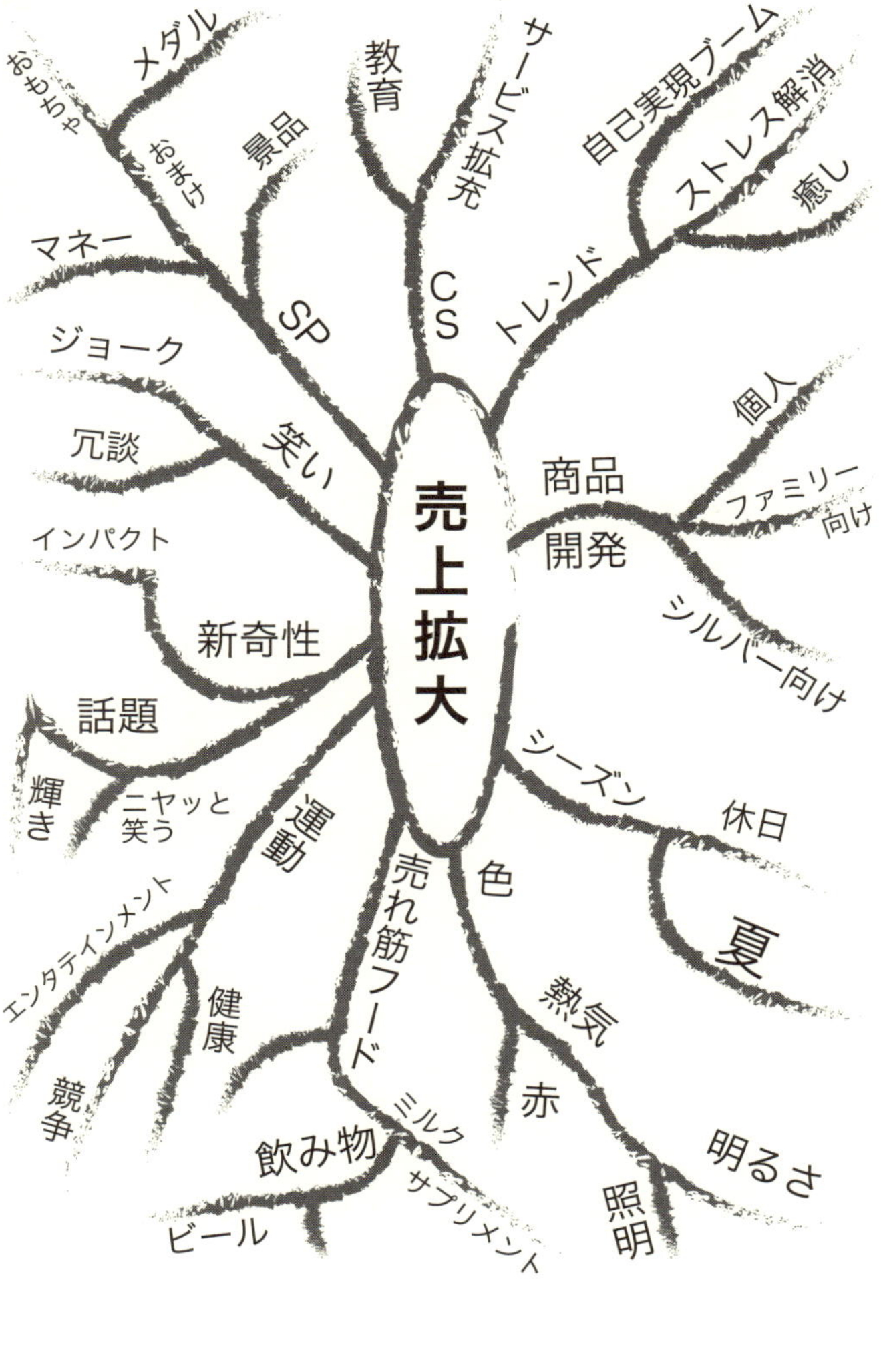
売上拡大
SP
おまけ
景品
おもちゃ
メダル
マネー
CS
教育
サービス拡充
トレンド
自己実現ブーム
ストレス解消
癒し
笑い
ジョーク
冗談
商品開発
個人
ファミリー向け
シルバー向け
新奇性
インパクト
話題
輝き
ニヤッと笑う
シーズン
休日
夏
運動
エンタテインメント
健康
競争
売れ筋フード
飲み物
ビール
ミルク
サプリメント
色
熱気
赤
明るさ
照明

アイデアの道具
8

図解思考

アイデアは「図にすること」によって大きくふくらむ

マインドマップといったツールを紹介したが、「考えを図にする」だけでもアイデアはどんどんふくらんでいく。言葉を丸囲みして、矢印で関連性をつなげていくだけでいい。それをじっと眺めていると、突破口のアイデアが出てきたりするのだ。

実は、私も図解思考をかなり古くから実践している。図にすることによって、今までは箇条書きにすぎなかったテーマが関連性をもってくる。まさに鳥瞰、つまり鳥の目でアイデア全体を展望することができるのである。「本も図で理解する」と言っているのは、図解のスペシャリスト・久恒啓一さんだが、図解思考の入門書『図で考える人は仕事ができる』(日本経済新聞社)の中で、こんなことを述べている。

「図を描くというのは意識的な作業であり、知識の再構築ですから、それまでの自分の中の知識と新しく読んだ知識が接続されます。また、描くことによってその問題への関心も強まります」

本書でも、図を使ったテクニックを数多く紹介しているが、まさに図解は頭の限界を突破する万能ツールなのである。

図解思考のポイント

1 重要度が一目でわかるように区別する

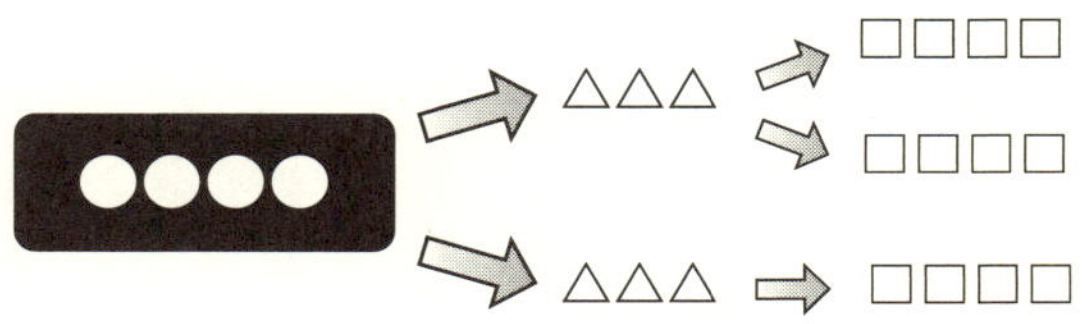

2 関連性を矢印などで示す

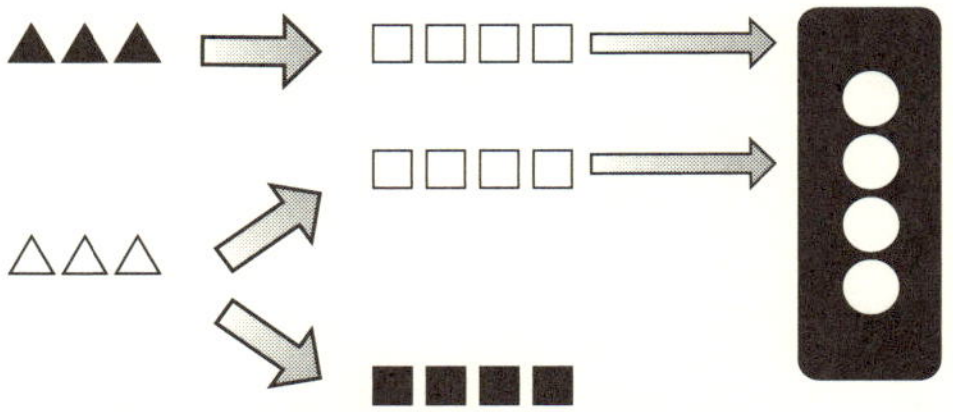

3 グルーピング（集合性）がわかるようにする

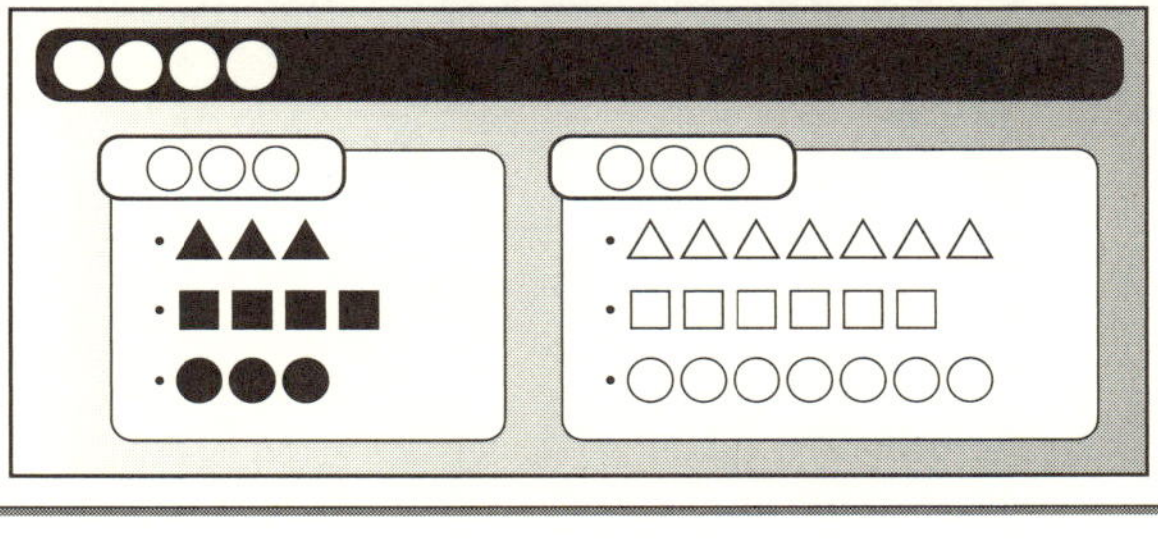

アイデアの道具 9

マンダラート

アイデアが不思議なほど生まれてくる〝魔法の箱〟

自由な連想に枠をはめたくない。それでもきちんとあとで整理できるようにしたい。そんな希望をかなえてくれる魔法の箱が「マンダラート」である。

魔法の箱といっても、きわめてシンプル。正方形を3×3に区切った9つのマスでできている。これはデザインコンサルタントの今泉浩晃さんが考案したものだが（http://www.mandal-art.com/）、アイデアツールとして愛用者は多い。博報堂の広告マンで一流マーケターとして活躍した加藤昌治さんも勧めている。現在ではスマホ対応のアプリもでている。

まず中央に目的のテーマを書く。そして、そこから思いついたことを強引に8個、頭からひねり出す。

今度はその中からひとつ展開できそうなものを見つけて、それを中心に据えて、さらに8個、マスを埋める。こうして次々とマンダラートを作ったり、別の気になった最初の項目からやってみたりする。ここから生まれた新しい発想をまとめて、案をつくるのである。

とにかく8個、苦しいと思っても埋める。それが突破口になるということだ。

マンダラートの作り方

	ビール	

❶ テーマを記入する

ドイツ産	黒ビール	生
ブランド	ビール	ノン アルコール
冬向け 商品	女性向け	カン orビン

❷ 気になる点について、さらにマンダラート

かわいい イラスト	オシャレ感	飲みやすく
プレゼント	女性向け ビール	低カロリー
ネーミング?	透明色	250ミリの 小サイズ

❸ さまざまな
アイデアが出る

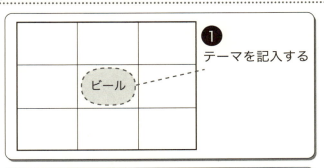

アイデアの道具 10

カラーバス

「問題意識」を鮮明にすれば、脳の検索装置にスイッチが入る！

花金だから真っ赤な服を着て出勤。すると不思議なことに、電車の中でもオフィスでも真っ赤な服が多いと気づく。結婚式を控えたカップル。電車の中吊りや雑誌を見て、「最近、披露宴の広告が多いなあ」とつぶやく。普通にしていたら、そんなこと気づくわけない。いま、関心のあることだから意識に残るのだ。

これを心理学では「カラーバス効果」という。カラーは色、バスはシャワーを浴びること。「赤」を気にしだしたとたんに、赤色の物が目に入ってくる。関心をもった瞬間、それに関する情報シャワーを浴び続けることになる、のである。

こうした「テーマ」がない人にはアイデアは絶対に閃《ひらめ》かない。なぜなら、脳が発想しよう、考えよう、アイデアを探そうとしないからである。テーマとは脳にスイッチを入れること。難しく考えることはない。「問題意識」とか「ちょっと気がかりなこと」「心配なこと」等と言い換えたらピンと来るだろうか。テーマさえちょっと心の片隅に置いておけば、脳は24時間365日、眠っていてもフル稼働。情報は向こうから飛び込んでくるように、あなたの脳が検索しはじめる。人にはこういう便利な検索装置がついているんだから、徹底的に活用しない手はない。

カラーバス color bath

たとえば赤色を意識すると、赤色の物が目に飛び込んでくる

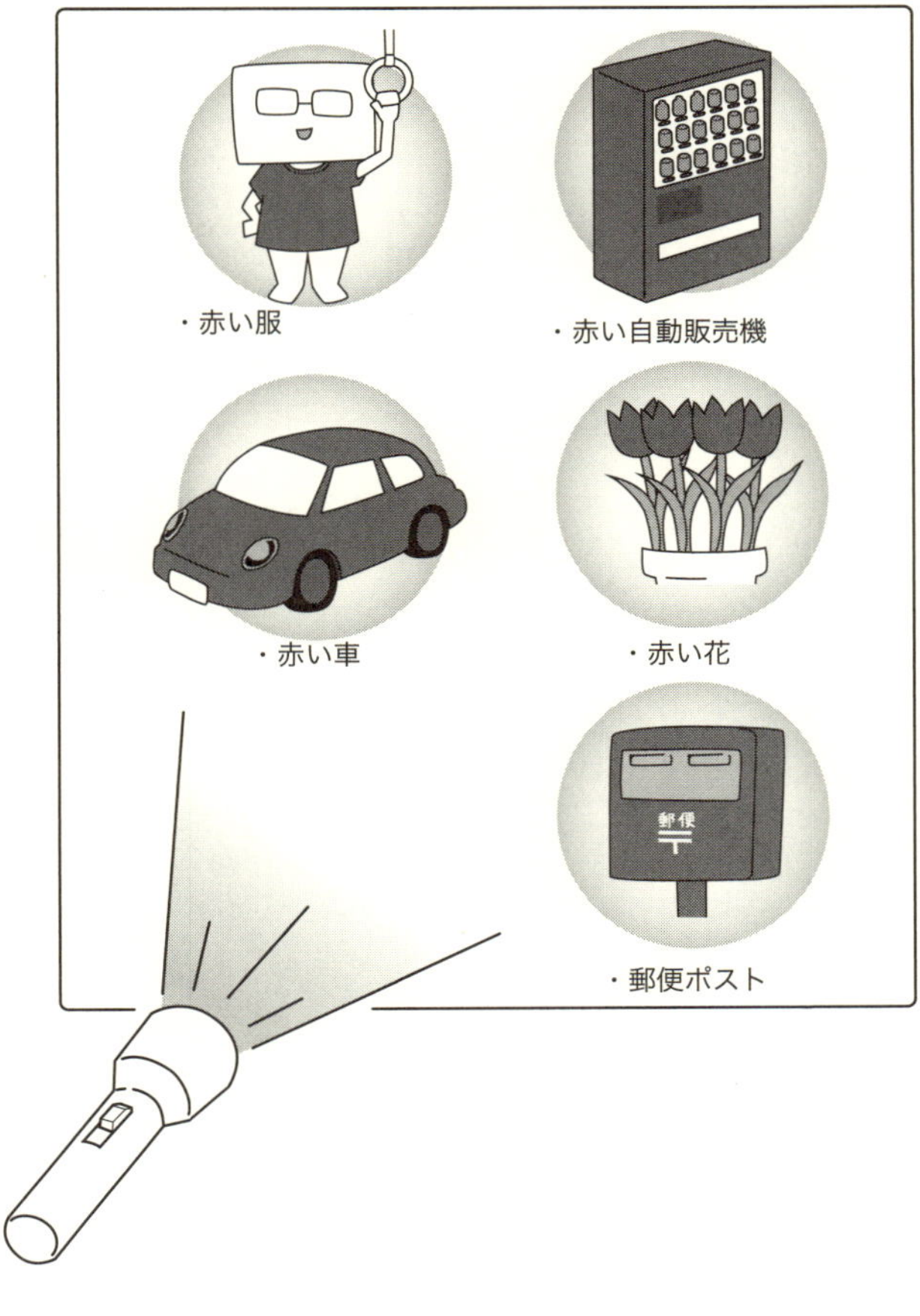

アイデアの道具 11

しりとり法

先入観なく、斬新なアイデアを量産する発想法

私の友人に放送作家の安達元一さんがいる。「ガキの使いやあらへんで」「SMAP×SMAP」「ぐるナイ」といった彼の担当番組の視聴率を合計すると週間200パーセントにもなる。彼の発想法を1つだけご紹介しておこう。題して、アイデアをひねり出す「しりとり法」だ。

①ノート、手帳、画用紙、ホワイトボードなど、とにかく書けるものを用意する。

②テーマを書き込む。たとえば「新しいドリンクを開発する」としよう。

③テーマ（のキーワード）の最後の文字に注目する（しりとりするからだ！）。「ドリンク」―「クルマ」―「マンガ」―「カミ」―「ミリオネア」……というようにしりとりをする。

④「ドリンク×それぞれのキーワード」から発想するものをあげる。たとえば「ドリンク」と最初のしりとりキーワード「クルマ」を考える。「ドリンク」と「クルマ」を組み合わせたらどうか？「ドライバー専用の飲み物」「運転するときに飲むと目がぱちっとする」という具合である。

⑤もしアイデアが出なければどんどんしりとりをすればいい。「ミリオネア」から発想すると、「飲むと億万長者になれる飲み物」「億万長者の好きな飲み物」「1億円の懸賞付きの飲み物」……というアイデアが浮かぶ。この要領で新しいドリンクを模索するわけだ。

しりとり発想法

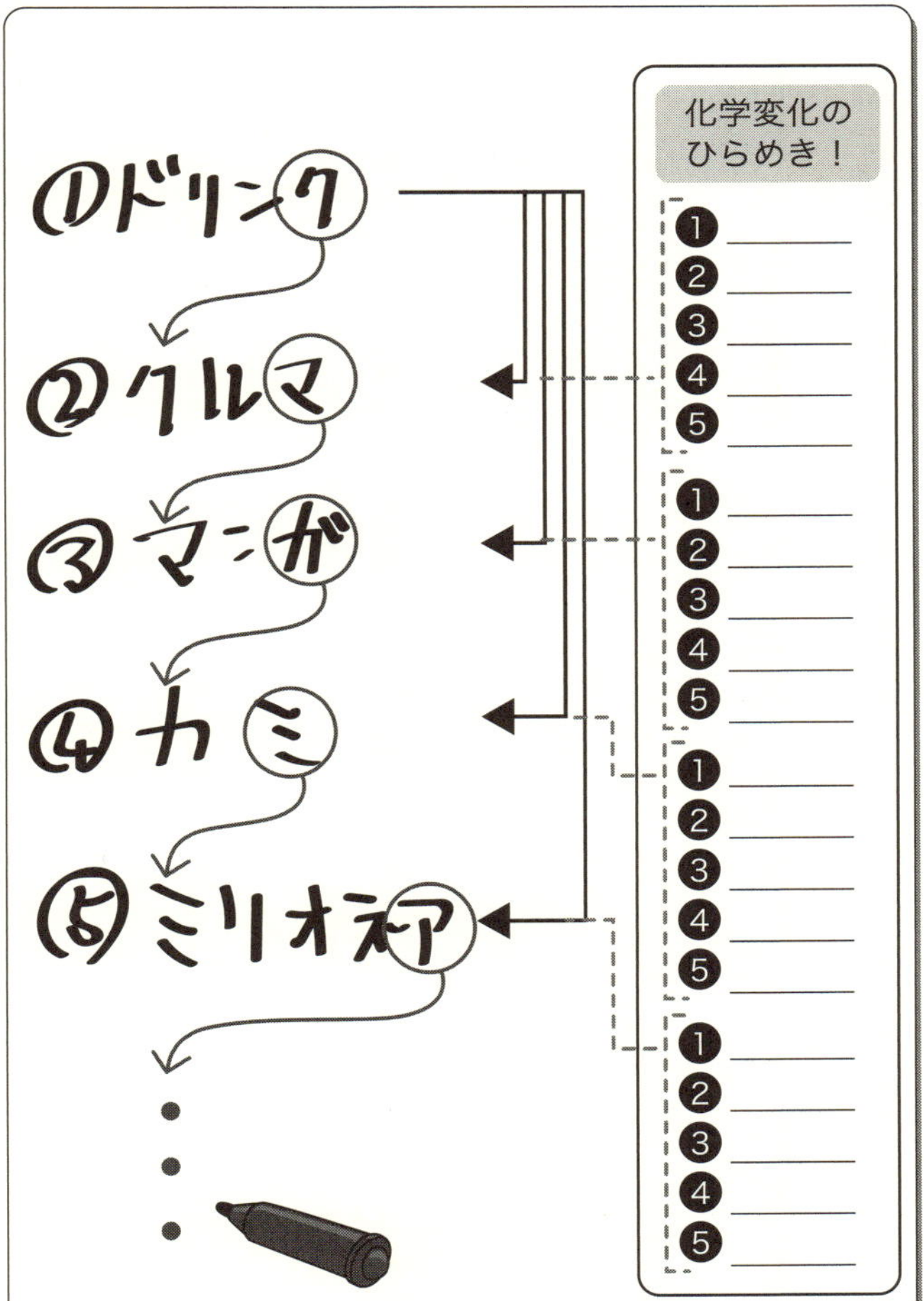
化学変化の
ひらめき！
①ドリンク
②クルマ
③マンガ
④カミ
⑤ミリオネア
1
2
3
4
5
1
2
3
4
5
1
2
3
4
5
1
2
3
4
5

アイデアの道具
12

疑問力

●アイデアや発想力のルーツ「あれっ?」「どうして?」「なぜ?」

実はアイデアや発想、閃きのルーツは、「あれっ?」「どうして?」「なぜ?」と不思議に感じたり、疑問に感じたりする感性にある。「このアイデアはすごい」「絶対にヒットする!」と、発想や閃きをストレートに結びつくのではなく、「困った(トラブル)」→「解決しよう(チャンス)」→「こうしたら解決できるかも(アイデアが生まれる瞬間)」と、回り回ってアイデアへと進化していくケースのほうが多い。

たとえば、パナソニックの礎を築いたアイデアはあの二股ソケットであることはだれもが知っている。当時はソケットが1箇所しかなかったから、水を沸かしたくて電熱器を使いたい時は、いちいち電球を外してそこから電気をとらなければならなかった。電球を消すから、周囲は真っ暗。こんなに不便なことはない。「電球も電熱器もいっしょに使えたらいいなぁ」「困ったね、不便だね」で終わって、なんの疑問も感じない人は永遠にお客さんのままだ。この「困ったこと」に注目し、どうにか解決してやろうと取り組んだ松下幸之助さんだけが巨万の富を築けたのだ。

不思議に思う。疑問を感じる。そこまではだれでもできる。アイデアマンは、そこからもう一歩前進する。「どうしたら解決できる」とわがこととして取り組もうとするのだ。

「疑問力」というすごい能力

カラーコンタクトがものすごく流行ってるねぇ。
やっぱり青い目への憧れがあるのかも

疑問力のある人

待てよ。たしかにそうかもしれないけど、日本人の目が青くても映えないんじゃないかな？

それじゃ、青い目じゃなくて、くっきりと鮮やかな黒い瞳が大きく映えるコンタクトレンズはどうかな？

疑問力のない人

青い目に変わるんだ。
へぇ、やってみようかな

終了

永遠にお客さんのまま！

ヒット商品
「ワンデーアキュビュー・ディファイン」の誕生

レンズのふちにくっきりラインが入ったカラーコンタクトレンズ。
瞳がきれいに見える

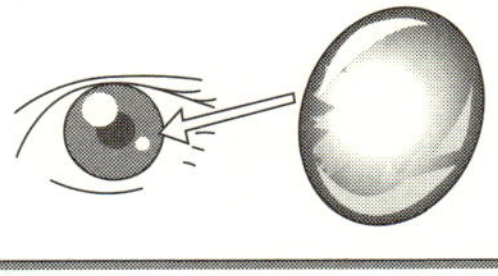

アイデアの道具 13

ジャンプ発想

●誰も考えないところ、思いもよらないところを、あえて突く!

論理思考、ロジカルシンキングの限界は、直線的な思考しかできない点にある。どこかでジャンプしないと独創的な発想は生まれない。平凡な発想になってしまう。そこで論理では思いもよらないところ、常識から最もかけ離れた論拠で強引にアイデアを出そうというのが、このジャンプ発想だ。橋のないとこに無理矢理「アイデアの橋」をかける。

たとえばバイオセンサーの発明者、軽部征夫さんがいる。発明の天才だが、この人はとにかくまったく飛躍したものを組み合わせてアイデアを練る。たとえば電池で機械が動く、これは電気がエネルギーとなるからだ。ところで人間は食物からエネルギーを得る。ならば食物から電池ができるだろうということで、ムリヤリ研究を進めていくのである。しかも、この研究はNASAでも行なわれていたというからスゴい。

考えてみれば、ヒット商品には無茶なジャンプをしているものが多い。気づかないだろうか。フィルムだけで写真が撮れるようにしたり、お店の品を全部100円にしてみたり、店の閉店時間を無くしてしまったり。すべて、当時としては「非常識」この上ないものばかりである。しかし、だからこそ大当たりする、この事実を忘れてはならない。

ジャンプ発想の例

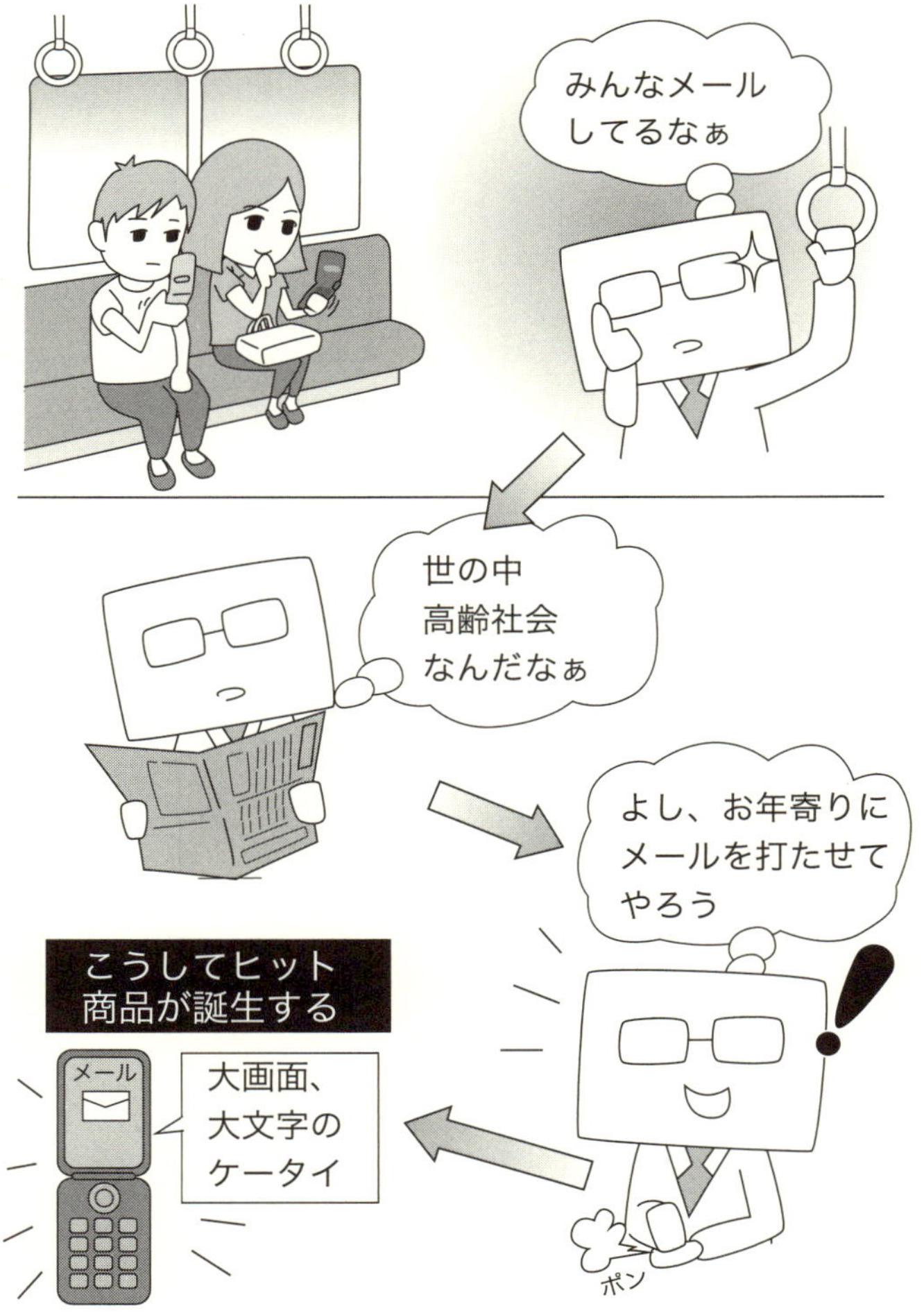
みんなメール
してるなぁ
世の中
高齢社会
なんだなぁ
よし、お年寄りに
メールを打たせて
やろう
こうしてヒット
商品が誕生する
メール
大画面、
大文字の
ケータイ
ポン

アイデアの道具 14

ブレーンストーミング

これぞ「文殊の知恵」の現代版！

ジャンプ発想からでないと、今の世の中、ヒットするアイデアは出にくい。とはいえ、一人の頭では、現実的にはなかなかジャンプしない。そこで現代のビジネスシーンで最も重んじられているのが、この「ブレーンストーミング」、通称「ブレスト」である。

もともとブレストとは、「頭の中に嵐を呼び込む方法」として1939年にアレックス・オズボーンによって提唱されたもの。とにかく全員から自由な意見を出させる。思いつきOK、脱線OKである。

左は実際にGE（ゼネラル・エレクトリック）のヒット商品が生まれたブレストを再現したマンガだが、上司の「ちょっと待って」に注目してほしい。ここでストップしたら、ジャンプ発想は生まれない。そうブレストで最も大事なことはただ一つ。「絶対に一人の意見を否定しないこと」なのである。

この点でダメな上司は、「バカなこと言うな！」などと怒鳴って、社員が自由に意見を言う雰囲気さえ壊してしまう。こういう会社では、決して斬新なアイデアは生まれないものだ。日本企業はその点をよく反省する必要がある。

再現！ GE の製品提案会議

アイデアの道具 15

「ひょんなこと」を仕掛ける

●アイデアはひねり出すものではなく、発見するもの!

アイデアは「ひょんなこと」から生まれる。ならば、アイデアをひねり出すにはこの「ひょんなこと」とたくさん出会えるチャンスを作ればいいのではないか?

そもそも、わたしはアイデアをひねり出すことなんてできないと思っている。アイデアはひねり出すものではなくて発見するもの。そう、アイデアは道に落ちているのだ。しかも、たくさん。ということは、この落とし物を捜せるかどうかが勝負の分かれ目になる。アイデアが浮かばない人は探し方が悪いのである。

「ひょんなこと」とは変なこと、奇異なこと。すなわち、いつもと違うこと。だから、いつも通りにしていたら、ひょんなことには出会えない。落とし物を探すには「いつか来た道」を戻ればいいが、発想、アイデアの場合は「いつもと違う道」を歩かなければならないのだ。

そう、脳に違う風景を見せるのだ。どうして? 刺激を与えるためである。たとえば、いつもと違う人と話をする。いつもと違う道を歩く。いつもと違う本を読む。いつもと違う食事をする……いつもと違う発想をすることだ。

脳に違う風景を見せる

いつもと
違うメディアを
のぞいてみる
いつもと
違う本を読む
BOOK
いつもと
違う人と話をする
いつもと
違う場所へ行く
雷
いつもと
違う道を歩く
いつもと
違うものを食べる

アイデアの道具 16

他人の脳みそ拝借法

"あの人"になりきって考えるとアイデアが大きく膨らむ

アイデアを錬るとき、手本となる人やライバルがいると都合がいい。手本はその仕事のスタイルを傍観しているだけでも勉強になるし、ライバルはお互いに切磋琢磨しようと発奮する相手になる。ある経営者は自分で判断したあと、創業者だったらどうしただろうかとすり合わせるそうだ。こんな習慣があれば、二重チェックできるから独善に陥らないですむ。

「他人の脳みそを盗むのはジョブズにとって普通のやり方さ。まず人のアイデアを鼻であしらっておいて、その1週間後には、素晴らしいアイデアを思いついたなんて言いながら戻ってくる。そのアイデアというのは、もちろん1週間前にだれかがジョブズに話したアイデアなんだ。われわれはジョブズのことを現実歪曲フィールドと呼んでいたのさ」

こう話すのはアップルで初代マッキントッシュ開発メンバーだったジェフ・ラスキンである。なぜ、現実歪曲フィールドを持ってしまうかといえば、相手のアイデアに見とれて感動と感激のあまりにとことん探求してしまうと、次の瞬間、換骨奪胎ならぬ換脳奪胎が起きてしまうのである。どうせヒアリングするなら、あなたとはいちばん遠いタイプの人と会うべきだ。ほかの会社の人、異性、外国人、文化人、子ども、年配者など、あなたと違う文化の持ち主がいい。

他人の脳みそを借りる

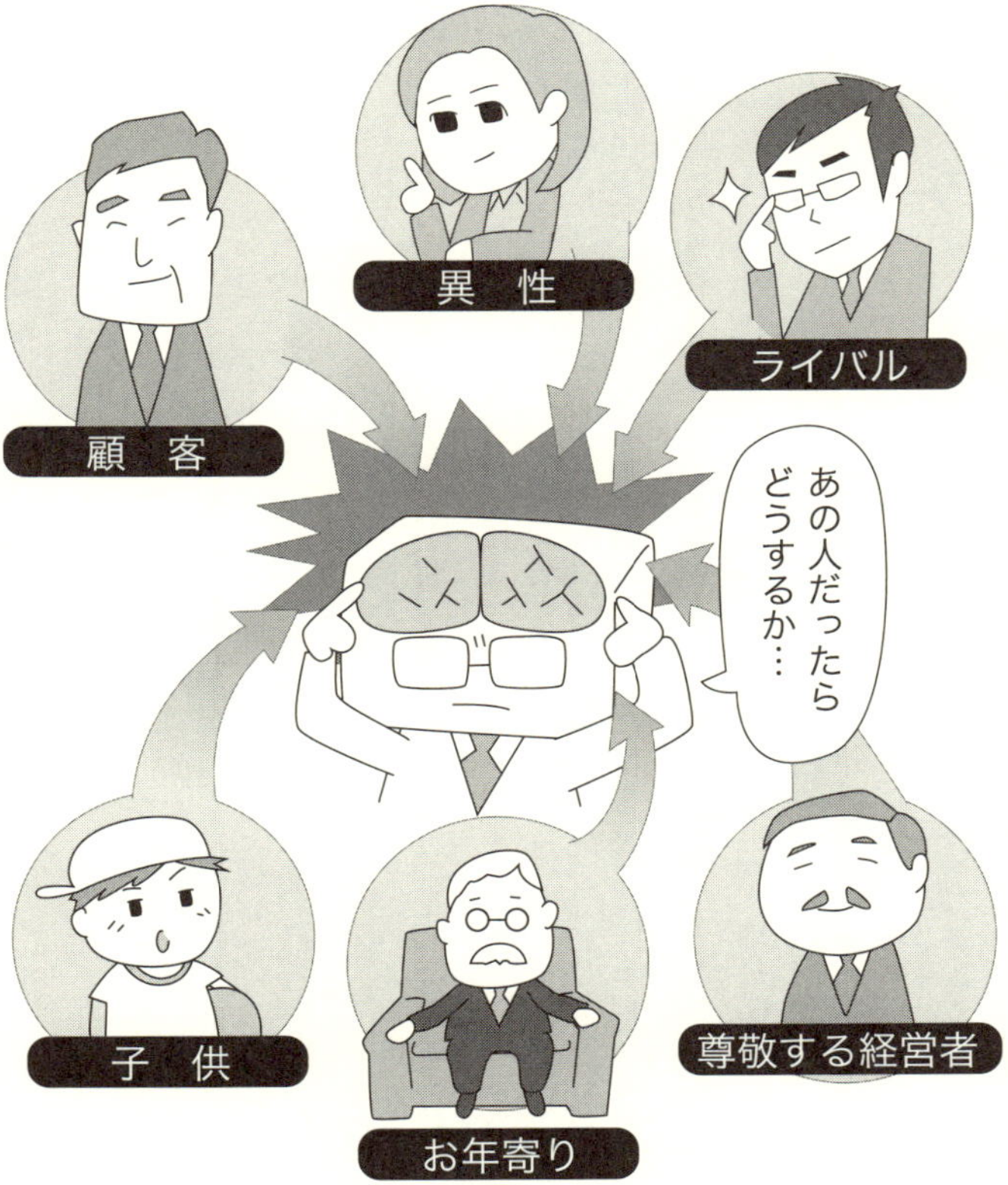

自分以外の別の人間になりきって考えることで、
自分にはないアイデアが生まれる

アイデアの道具
17

バスルーム一人会議

どんどんひらめく中島式入浴法

昔からアイデアがひらめく環境は「馬上、厠上《しじょう》、枕上《ちんじょう》」といわれている。元々、これは宋代の文人政治家欧陽修が述べたものだが、たしかに馬上＝通勤電車やバスの中、厠上＝トイレ、それに枕上＝ベッドの中はひらめきやすい。共通点は一人になれる場所ということだ。

私の場合、水上、つまり風呂だ。腰湯（腰くらいの湯量に38〜40度の風呂にじっくり浸かること）で少なくとも30分、長ければ2時間は入っている。いったい何をしているか？　ホワイトボードを持ち込んで一人会議である。日経新聞がその様子を写真入りで掲載したからご存じの読者もいるかもしれないが、これはものすごく使える。たとえば、コンサル業務では、提案内容をボードに書き出して因果関係をチャート化したり、プレゼンの段取りをフローチャート化する。

腰湯だから、心臓に負担をかけることもない。身体の深部まで温まる。また、風呂であぁだこうだとひとり言を言っているとそれが反響してエコーになり、まるでだれかと語っているような錯覚に陥る。「これ、どうかね？」「少しインパクトに欠けるような……」「だよね、だよね？じゃ、ここまでジャンプしちゃおうか」「なかなかいいんじゃない？」

私にとって、風呂はもう1つのオフィスであり、もう一つの企画室なのだ。

水中で考える

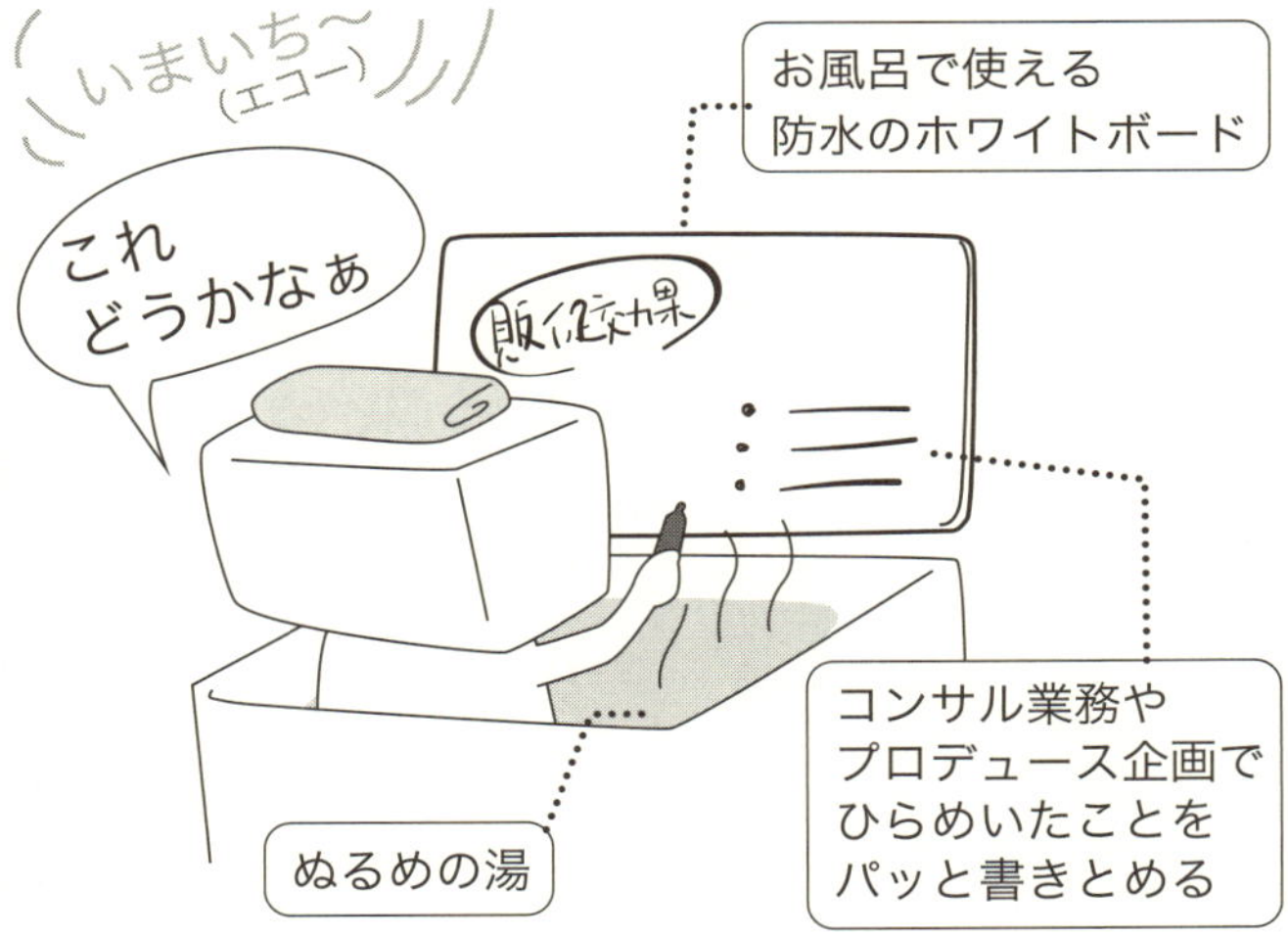

バスルームに大型の防水ホワイトボードを置いて「1人ブレスト」

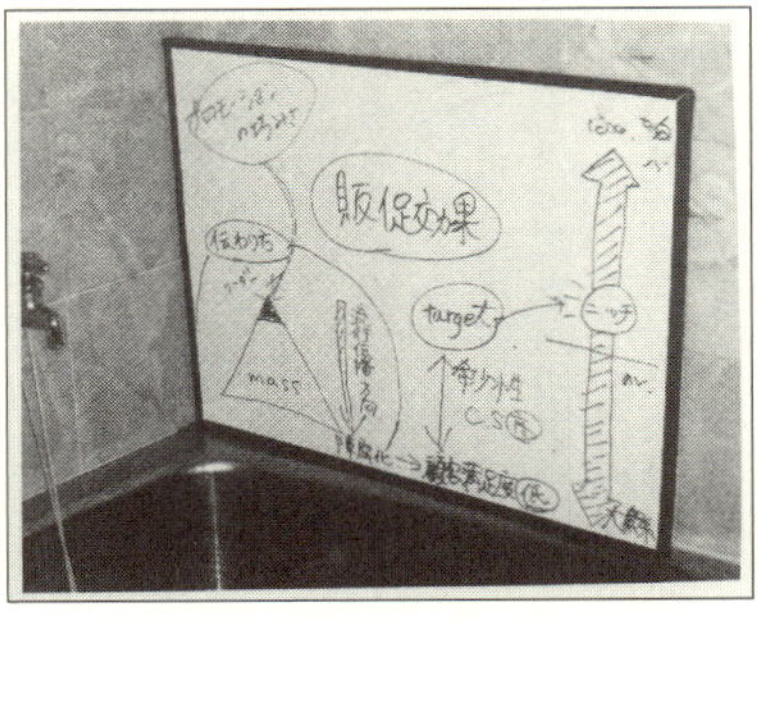

アイデアの道具 18

「クレーム→宝」一発変換術

ビジネスのヒントは「不」の解決にある！

花王や小林製薬では、この利用者から集まるクレームや意見を次の商品開発テーマとしてきちんと吸い上げるシステムが確立している。クレームは、「こんな機能にしてほしい」「ここをこうしてほしい」という改善提案ネタの宝庫だからだ。ユーザーの不満や不便、不都合……といった「不」の解決こそが新商品開発にほかならない。

花王は1978年、いまの「お客様相談室」にあたる「エコーシステム」（＝情報収集システム）を全社に導入し、消費者からの声を蓄積している。たとえば、ここに寄せられた声には、「シャンプーしてると目が開けられない。目を開けなくてもリンスとシャンプーの区別ができるようにはなりませんか？」というものがあった。言われてみればたしかに不便だ。こういう意見は使用者しか気づかないものだ。

花王のシャンプーボトルの脇には細かな溝がいくつも刻んである。このクレーム（意見・提案）をヒントに開発したのだ。溝があるのがシャンプー、溝がないのが非シャンプー。これなら触感で一発で区別できる。いま、この溝は花王だけでなくすべてのメーカーが取り入れ、ユニバーサル・デザインとなっている。それほどクレームは宝の山なのだ。

「不」の解決法

あ、またシャンプーと
リンス間違った〜！
不便だわ！
リンス
シャンプー
不便さの解決
シャンプーに
ギザギザをつけた
シャンプ

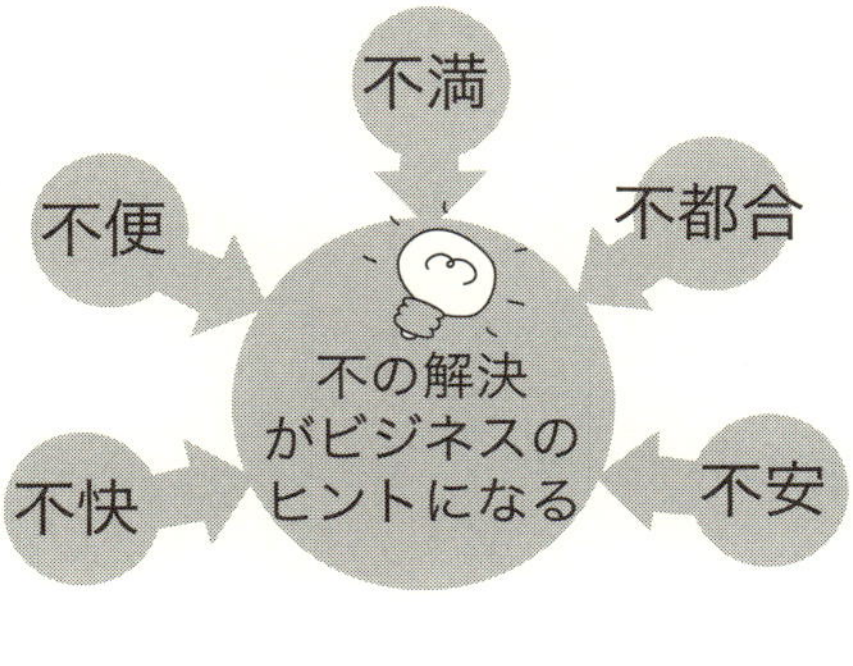
不満
不都合
不便
不の解決
がビジネスの
ヒントになる
不快
不安

3章

情報整理の道具箱

最小の労力で最大の成果を生み出す

情報整理の道具 1

ポスト・イット術

これに勝るものはない、最強のメモツール

私のメモツールは、何といってもポスト・イットである。ポスト・イットというのは3M社の登録商標名だが、この際、細かいことはいいだろう。

図のような3種類のポスト・イットを私は使い分けているが、つねにこれらがポケットに入っている。カバンにも入っているし、自宅にも書斎（事務所）にも、ありとあらゆる部屋に常備してある。のべ200束は、つねにあるだろう。どこにでもあるから、忘れることがない、これは第一のメリットである。

第二に、何しろ手軽である。資料を読んでいるとき重要なことをチェックして貼っておけば、いちいちノートを取らずとも、簡単に原稿や講演の資料にアウトプットできる。

用件のメモにも楽。パソコンの脇に貼っておけば忘れることもないし、移動中に携帯に電話が入ったときでも、メモしやすい。これが手帳だと、取り出すのが大変になる。

第三に、あとで編集しやすいというメリットがある。のちほど紹介する本からのメモをまとめれば、そのままヒントに応用できる。情報を生かすためにこそ、ぜひ使いこなしてほしいツールだと思う。

あらゆるポスト・イットを使いこなそう!

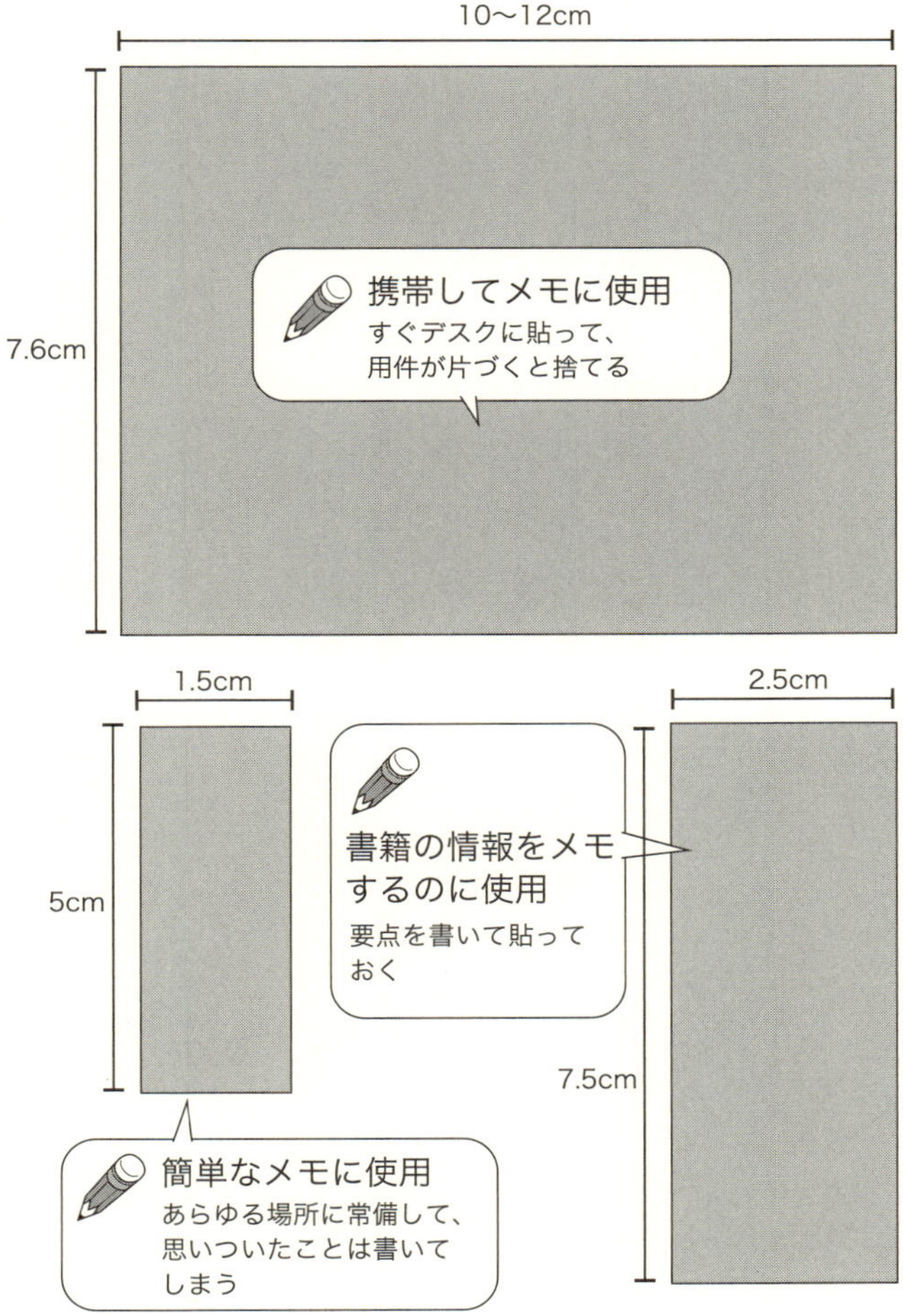

情報整理の道具

2

中島式ノート

講演や勉強会で最も付加価値を得る、私の方法

「正解に至れないのは、根拠が間違っているからです。原因をきちんとつかみ取れないで、結果が正しくなるわけがありません」

これは、私が受験当時に信頼していた予備校の国語の先生に教わった「原因と結果の法則」である。このときから「正解に至る根拠が自分なりにつかめるようなノート術」を、私なりに研究してきた。それが現在、勉強会を主宰したり参加するなかで、他人から知恵を吸収するのに役に立っている。どんどん増殖する私のウィルス的勉強力の基盤となっているのである。

そのノートとは、次ページの通り。ノートを左右見開きで使う。左ページを真ん中から2つに分け、講演内容や講師の意見は左側だけ（話の速記に追われないよう、自分なりの記号をつくっておく）。右側には、そのとき思ったことや疑問点を書く。この左ページを見直し、あとできちんとした論拠を右側に入れる。特長は右ページだ。すべて連想メモ。気づき、アイデア、ひらめき、提案、企画、発想、連想にいたるまで、すべて右ページ1枚分にノートする。社会人の勉強は暗記すればいいというものではない。他人の意見を自分がどう生かすかが鍵だ。だからこそ、こんなノートが有効なのだ。

中島式ノート

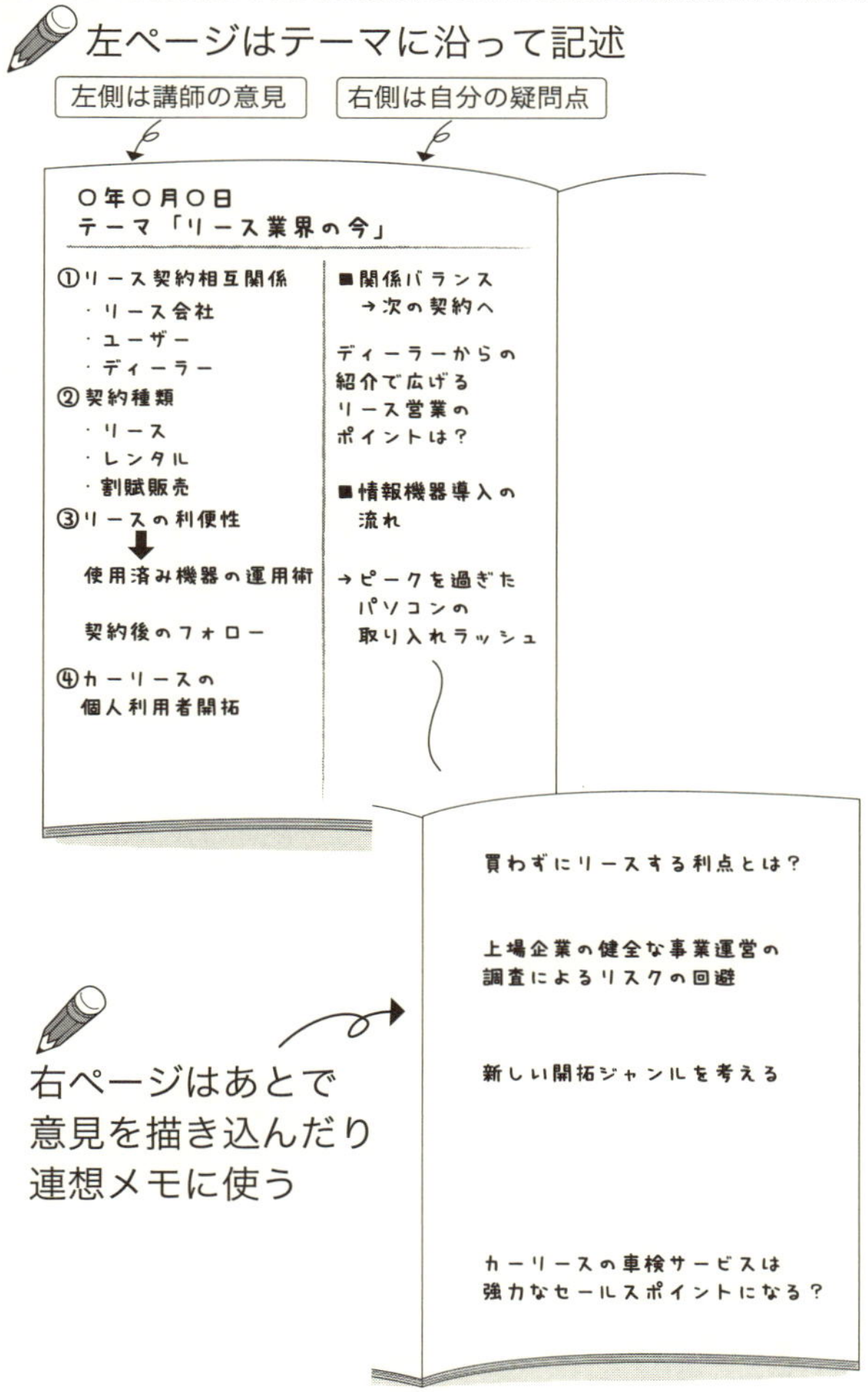

左ページはテーマに沿って記述
左側は講師の意見
右側は自分の疑問点
〇年〇月〇日
テーマ「リース業界の今」
①リース契約相互関係
・リース会社
・ユーザー
・ディーラー
②契約種類
・リース
・レンタル
・割賦販売
③リースの利便性
使用済み機器の運用術
契約後のフォロー
④カーリースの
個人利用者開拓
■関係バランス
→次の契約へ
ディーラーからの
紹介で広げる
リース営業の
ポイントは？
■情報機器導入の
流れ
→ピークを過ぎた
パソコンの
取り入れラッシュ
買わずにリースする利点とは？
上場企業の健全な事業運営の
調査によるリスクの回避
新しい開拓ジャンルを考える
カーリースの車検サービスは
強力なセールスポイントになる？
右ページはあとで
意見を描き込んだり
連想メモに使う

情報整理の道具 3

キラーリーディング

年間3000冊読破する私の方法

年間3000冊の本を読破している。1冊1冊、次のように3分類している。

熟読本……いま抱えている仕事で参考にすべき本（＝資料）である。自分の書く本以外に、企業や経営者、ビジネスパーソンの本をプロデュースするビジネスがある。ベストセラーの切り口と企画、売り方を考えるために、ざっと類書を50冊ほどチェックし、売れ筋の仮想敵（＝ライバル書）の中身をじっくり吟味し、どこが秀でているかを分析する。1冊2～3時間かけることも珍しくない。

流す本……ある章、ある項目、ある部分だけチェックしたい本がある。その部分だけ読む。この類の本は6割ほどあるが、部分のみチェックすればいいから1冊10～20分あれば十分だ。

超・流す本……目次構成が巧い本がある。あるいはキーワードやデータが参考になる本がある。中身は薄くても編集の巧い本がある。これらはつくり方として参考になる。このレベルの本が約3割はあるだろうか。チェック時間は1冊あたり10分以内ですます。

これら3分類のものさしは、タイトル（書名）、帯コピー、まえがき（あとがき）、そして目次である。

キラーリーディング

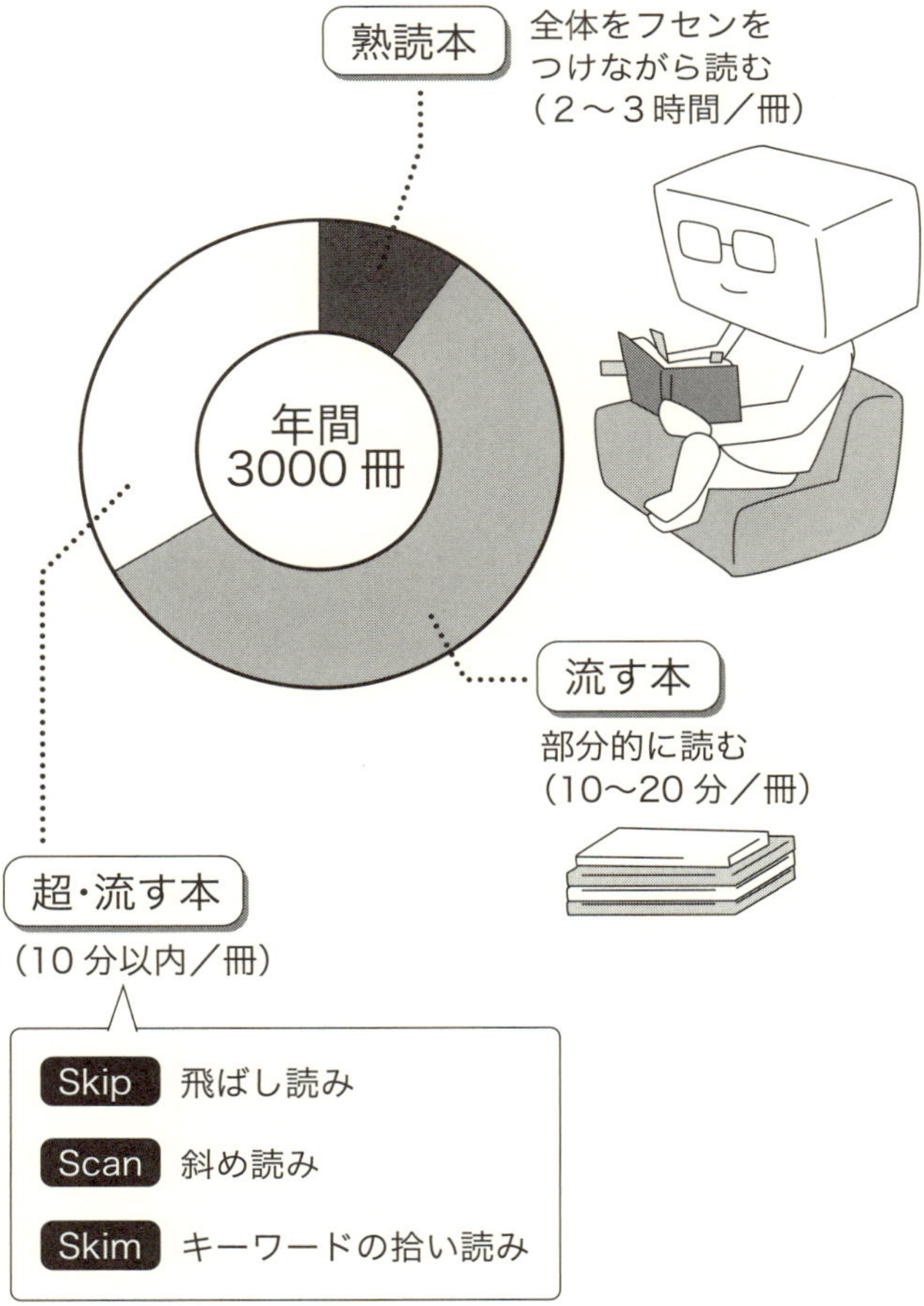
熟読本
全体をフセンを
つけながら読む
（2～3時間／冊）
年間
3000冊
流す本
部分的に読む
（10～20分／冊）
超・流す本
（10分以内／冊）
Skip 飛ばし読み
Scan 斜め読み
Skim キーワードの拾い読み

情報整理の道具

4

栗田式速読術

本が速く読めれば、それだけ情報は多量になる

読書スピードを上げるために、速読法に挑戦する人は多い。フォトリーディングにSRS、右脳活用など、さまざまな方法論が提唱されているが、基本は変わらない。文字情報は通常、脳の言語野と呼ばれる部分で情報処理されるが、これを風景などを認識する領域まで使って処理しようというものだ。

医学博士・栗田昌裕先生のSRSでは、上級になると1分で1万字、およそ200ページを読むという。さらに速読によって脳が鍛えられ、記憶力や集中力も強くなるというからメリットは多そうだ。

栗田式速読の特徴も、1ページを画像でとらえていく。左は、9分割して認識するトレーニングを表したものだが、最終的には一つの絵で頭に納めてしまう。これ以上の詳しいノウハウは『本がいままでの10倍速く読める法』（三笠書房）という本を見てほしい。

栗田式速読術の初歩の初歩

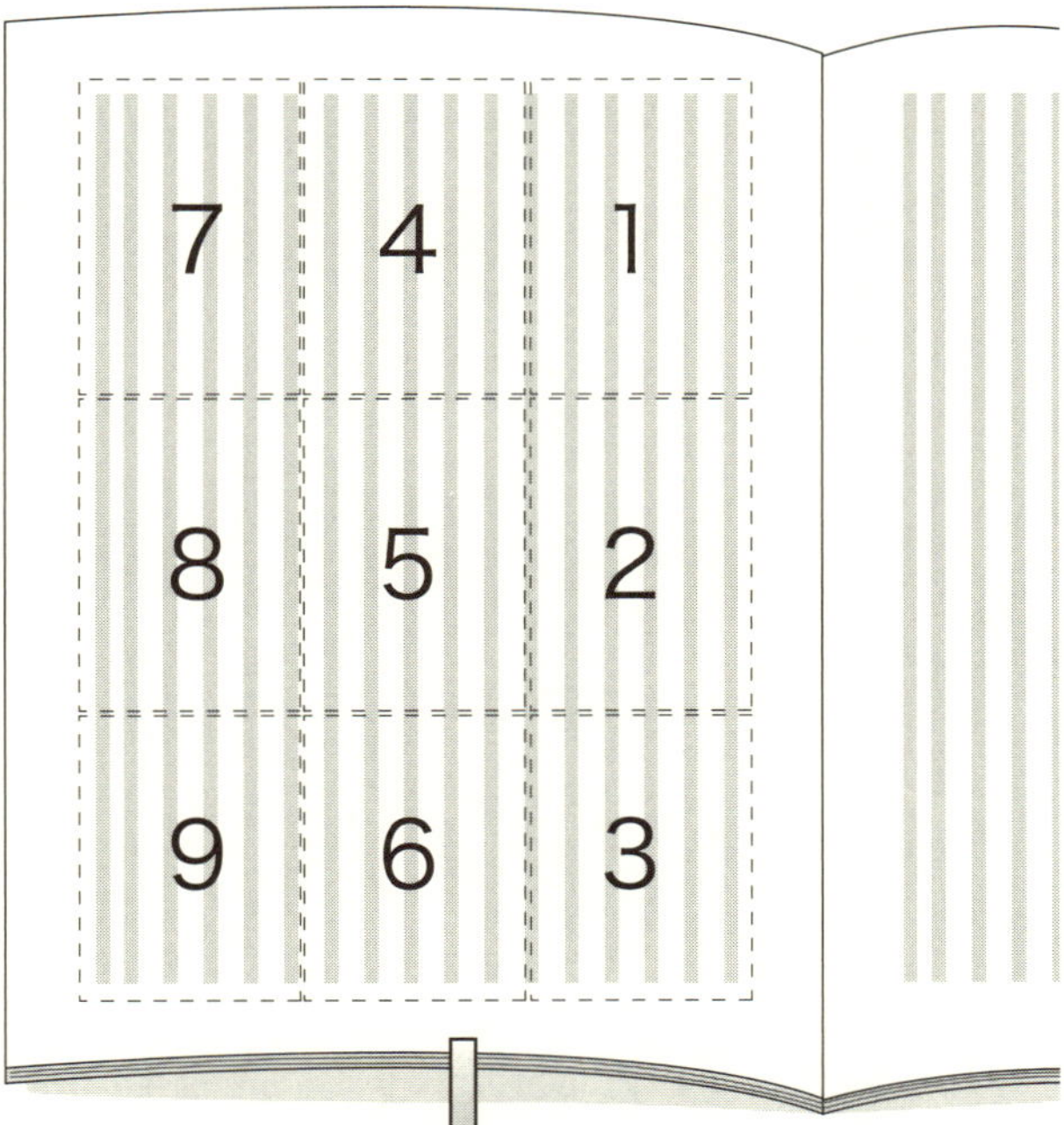

9分割して"陰影"をとらえる

その後4分割、2分割、1ページまるまると目でとらえる面を大きくし、速読術を身につける

情報整理の道具 5

3段階読書法

短時間で繰り返し読んだほうがいい理由

本は一冊をじっくり時間をかけて精読するより、速読を何回もくり返す（＝多読）ほうが早いし、理解度も深くなる。一冊を30分～1時間で理解できなくても読み切る。これを3回繰り返すのである。

①1回目：情報を腑《ふ》分けする……必要部分と不要部分とを腑分けしながら読む。著者は後半部分にクライマックス（キモ）をもってくることが多い。それを付箋でマークしてもいい。たとえば成功経営者の自伝やマネジメント書や経営論を読むなら、あなたが仕事に活かせる部分（情報）のみ取ればいい。その人の子ども時代の経験談や苦労話などは2回目はカットできる。

②2回目：キモをチェックする……付箋部分のみ読めばいい。そして、連想、空想、夢想を繰り返す。著者と対話する。

③3回目：アイデアを発想する……自分の発想やひらめきをチェックする。そしてメモる。ここがポイントだ。本はあくまでも発想やアイデアを引き出すための道具なのだ。

読書スピードは1回目より2回目と格段にアップしてくる。早くなった分だけ考える時間を持てばいい。1回目で感じた仮説が2回、3回と読むうちに確信へとつながるかもしれない。

1冊を3回読む読書法

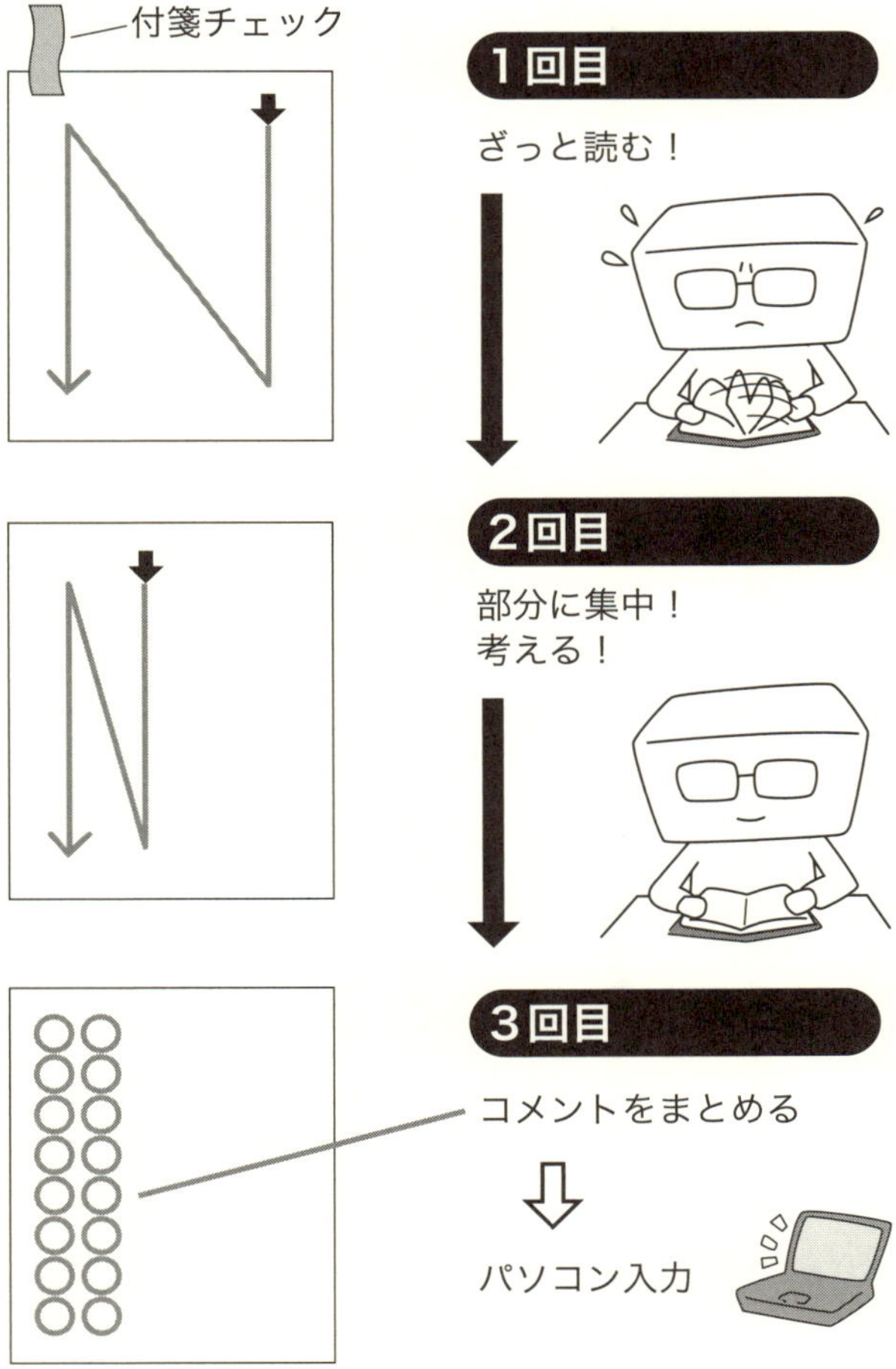

情報整理の道具 6

ヘッドライン・チェック法

新聞、雑誌はこの感覚で見る

新聞・雑誌は、読むものではない。見るものである。少なくとも、私はそう思っている。このときに頼りにするのは、ヘッドライン、すなわち見出しである。

とくに新聞は、この点わかりやすい。活字の大きさによって重要度、緊急度がわかるように各社で判断している。また掲載している紙面でも重要度がわかる。通常紙の場合、朝日新聞が勝手に重要問題と認識しているテーマ以外は、さほどテレビニュースを見ているのと変わりないが、日経などになると、これがビジネス上、どれだけの幅広い業界にそのニュースが影響するか、このヘッドライン・チェックでわかる。

ありがたいことに、ネット新聞でも見出しの大きさがちがうからわかりやすい。ネットだから整理も超楽チンだ。いまどき、紙の新聞など読んでいる人の気が知れない。データも記事もすべて整理するサービスまでついている。

ヘッドライン・チェックは雑誌にも応用できるし、実は本にも適用できる。本は、目次を見ればいいのか買うべきかどうかがわかる、という要領だ。ただし、最近は出版社もわかってきて、目次と内容が一致していない本もある。一番面白そうなところくらいは読んでから判断するべきだろう。

新聞からの情報収集法

○○新聞
○月○日 月曜日

1. 隅から隅まで見出しをチェック
2. 関心のある部分だけ記事をチェック
3. いつも決まった欄から読む
4. インターネットでも新聞を購読する
5. テーマに沿った切り抜きをスクラップする

雑誌からの情報収集法

1. 定期的に購読している雑誌がある
2. 「これは」という記事を読む
3. ライバル誌を比較検討する
4. 読むだけではなく、徹底的に考える
5. 雑誌も切り抜く
6. 「なぜだ」「どうしてだ」という視点で読む

情報整理の道具

7

SUMMARY・RECAP法

●できるプレゼンターの手法を情報整理に活用する

論文では「SUMMARY（まとめ）」が最初になければ評者に読んでもらえない。「まとめ」というのは普通、最終部分にあるが、本の「目次」同様、本来は冒頭で説明するものなのだ。

プレゼンテーションや講演でも同じだ。いきなりダラダラ話されると、何をいいたいのか分からない。「まず最初に○○について、次に○○について、最後に○○について述べたいと思います」という式次第を用意しておけば、聞くほうは全体の流れが頭に入るから、安心して聞ける。

プレゼン、講演、セミナーで、できるプレゼンターの共通点をご存じだろうか？ それは「RECAP」である。正確にはRecapitulate（要点を繰り返し述べる）という言葉なのだが、話が次に移るとき、いままで話した内容をいったん整理して簡単にポイントだけをもう一度繰り返すのである。すなわち、「おさらい」である。「そうそう、そういう話だった」とあたかも脳が牛の胃のように情報を反芻するから消化しやすくなるのである。

この「SUMMARY」と「RECAP」を情報整理にもぜひ活用したい。新聞や雑誌、本、テレビ、ラジオ、講演、会話、盗み聞き……なんでもいいから次図の事項についてまとめてしまう。これらの貴重な「まとめ」情報は、私はすべてパソコンにまとめている。

SUMMARY・RECAP法

SUMMARY / RECAP

○○年○月○日

□ タイトル 「 ○○○○○○○ 」

□ 内　容

□ コメント

情報整理の道具

8

オープン・クエスチョン

情報収集の基本は、やはり「聞く」ことから

最も価値ある情報収集メディア、あなたは何だと思うだろうか？

新聞、雑誌、テレビ、本、ネット……。私自身、読書会も主宰しているが、一番参考になるのは、これらのどれでもない。人から聞いた情報、つまり「人の口」からでる生情報なのである。

同じことを実践したのは、リクルートで14の新規事業を開発したヒット創出者、くらたまなぶさんである。彼はリクルートに入社して早々、女性向け就職誌の立ち上げにかかわることになったが、どんな内容にするか。結局、ありとあらゆる女性社員に「聞きまくった」。そして、できあがったのが、流行語にまでなった『とらばーゆ』なのである。

むろん、ただ聞いたのでは深い情報は集まってこない。ここで大切なのは、「オープン・クエスチョン」、つまり「5W1H」で聞くことだ。

イエス・ノーで答えられる「クローズド・クエスチョン」ではいけない。ちなみに、私でも知人にオープン・クエスチョンで「女性向けの就職情報誌」について聞いたら、やはりいくつかのキーワードが出てきた。これを多くくり返せば、やはり情報収集には有効だろう。

5W1Hとは？

5W1H

1. **W**hat…何か
2. **W**ho(m)…だれか
3. **W**here…どこでか
4. **W**hy (for What)…なぜか
5. **W**hen…いつか
6. **H**ow…どのようにか

オープン・クエスチョンの例

Q.「女の子向けの転職本って売れると思う？」
A.「それは売れると思うわ」
Q.「どうしてかな？」
A.「だって、私のまわりにも会社に不満持っている娘、たくさんいるもの」
Q.「なぜ不満なの？」
A.「そりゃあ、男性と違って私たちは自由に仕事できないでしょ。自分の特性を生かした仕事、やっぱあこがれるなぁ」
Q.「どんな会社なら、自分が生かせると思う？」
A.「まず男女の差がない仕事ね。だから本当は技術的な仕事なのかなぁ」
Q.「そうすると、単に就職の情報ってよりも、スキルアップのためにどうするかってことが重要ですよね？とすると何があるかな？」
A.「たとえば資格とか、学校とか…そういうの皆、真剣に探していますよ」

（「どうしてかな？」「なぜ不満なの？」「どんな会社なら、自分が生かせると思う？」「そうすると、…何があるかな？」→ オープン・クエスチョン）

↓

会社への不満、スキルアップ、自由な仕事、資格、学校など、さまざまなキーワードが出る

情報整理の道具 9

MBWA

優秀なビジネスマンほど一次情報（現場）を大切にする

犬も歩けば棒に当たるというけれども、人は歩けばいろいろな情報に遭遇する。アメリカでは「裸の王様になりたくなければＭＢＷＡしろ」と盛んにいわれる。ＭＢＷＡとはすなわち、「Management By Walk Around（ぶらぶら歩け）」というわけだ。つまり、シティ・ウォッチングによって脳に刺激を与えるのだ。

ぶらぶら歩けば、小さな刺激、大きな刺激をたくさん受ける。脳は自然に視覚、聴覚、臭覚、触覚、ときには味覚などから情報を入手し、取捨選択し、整理整頓する。情報は現場にのみ転がっているのだ。現場に行かなければ、わからないこともある。何度も足を運んで話をして親しくなって、ようやく得られる情報もある。

優秀なビジネスマンほど現場の情報、一次情報を大切にする。一次情報とは第三者を介さず自分で直接つかんだ情報のことだ。これは人から聞いた、本で読んだ、テレビで見たという間接的な情報ではなく、実際に足を運び、食べたり、飲んだり、話したり、経験したり、失敗したり、成功したりして、肌でつかんだ情報である。

MBWA（シティウォッチング）

テレビで見た話、ネットでつかんだ情報ではなく、
現場に行って得た情報を大切にする

メールやツイッター、電話でやりとりするのではなく、
会いに行く

情報整理の道具
10

記憶する技術

「記憶の鍵」を使えば、忘れることはない！

「もっと記憶力があったらなあ」と思うこと、あなたにはないだろうか？

私には、よくある。重要な日時など、ついうっかりメモするのを忘れると、あとでとんでもないことになる。知人に、70歳を過ぎて円周率5万ケタの記憶に挑戦している記憶名人の友寄英哲さんがいるが、私にこの才能はない。まあメモ術を開拓したからよしとするが……。実は、こんな数字などは簡単に脳の中に永久保存できる。

「記憶の鍵」と呼ばれるキーワードがある。左の図に示したのが、その「記憶の鍵」である。数字の1〜10を「あかさたな……」に置き換え、あとはその言葉で始まる単語を鍵にする。一度これを頭に入れてしまえば、あとは簡単である。

たとえば新宿で山田さんと3月15日の1時に待ち合わせなら、山田さんが猿の縫いぐるみを着てアルタ前でアナウンスしている姿をイメージする（3＝さ＝猿、15＝あな＝アナ）。かなり強烈だから、これは記憶に残る。最後にはアリ（1＝あ＝アリ）が通過する。カニだろうが白鳥だろうが、最後に登場するのは時間である。

記憶の鍵

1	あ	アリ
2	か	カニ
3	さ	猿
4	た	太陽
5	な	ナス
6	は	白鳥
7	ま	豆
8	や	焼き芋
9	ら	ラジオ
10	わ	泡
11	ああ	アーケード
12	あか	赤とんぼ
13	あさ	明日
14	あた	頭
15	あな	アナウンサー

16	あは	アパート
17	あま	天の川
18	あや	綾取り
19	あら	嵐
20	かわ	川
21	かあ	カーネーション
22	かか	かかし
23	かさ	傘
24	かた	かたつむり
25	かな	金槌
26	かは	カバン
27	かま	かまきり
28	かや	火薬
29	から	カラス
30	さわ	沢

情報整理の道具

11

ケータイ情報術

"自分メール"で発想が加速する！

移動中、「あ、そうだ」とメモっておきたい発想が浮かぶことは少なくない。そんなとき便利なのが常時持ち歩いている携帯電話だ。メモ機能を使う？ それともデジカメ機能？ いやいや、メール機能を使うのだ。この方法は以前雑誌で紹介してからメジャーになったようで、情報整理術や読書術など、いろんな本にも採用されている。

いったい誰に？ もちろん自分に。仕事場のパソコンに送信すれば、内容をそのまま一括情報管理できる（「PCアイデア培養術」参照）。私の場合、パソコンと携帯電話が連動しているから、パソコンに届くと同時に携帯電話にも届く。これで確認する手間も省ける。

携帯メールは暗闇でも親指でかちゃかちゃ打てるから、手帳に書き込むのは不可能な場所でも、ひらめいたことを早速メールで送ってしまうこともできる。ただし、携帯電話は意外と明るいから、暗闇で使うとまぶしい。周りの人の迷惑にならないよう注意しよう。

携帯電話にはボイスメモ（録音）機能もあるが、これもTPOを選ばなければいけない。音楽会、落語、講演会場など、いくら小声で囁いていているとはいえ、周囲の人には気になってしょうがない。やはり自分メールがいちばんだ。

自分メール

情報整理の道具 12

時間軸マトリックス法

情報に飲み込まれない上手な捨て方

情報があふれる時代、情報洪水に巻き込まれないよう、情報の価値を査定してふるいにかける「フィルター」を用意することだ。私の場合、「この2カ月間に使うか使わないか」という時間軸と、次の図のようなマトリックスで考え、捨てるかどうかをフィルタリングしている。

まず、正四角形を上下左右の真ん中から均等に4等分する。これがマトリックス（行列）だ。そして、「これは！」と思った情報をこの中に当てはめていく。このとき、2カ月という賞味期限が切れる情報は最初から捨てる。

拾う（捨てる）基準は2つ。1つは「重要度」と「インパクト度」、もう1つはこの2カ月間のテーマ（仕事）に使えるものかどうか、である。

そして、「①STAR＝主役級の情報」「②SUPPORTER＝①を補完・強化する情報」「③VISUAL＝データ、図版としてユニークな情報」、そして「④NO＝使わない情報」と分別処理する。もちろん、即、④は捨てる。

これらのマトリックスは頭の中に入っている。新聞なら新聞、テレビならテレビをチェックしたときに、この4つのコマのどれなのかを瞬時に判断しているわけだ。

マトリックスで考える

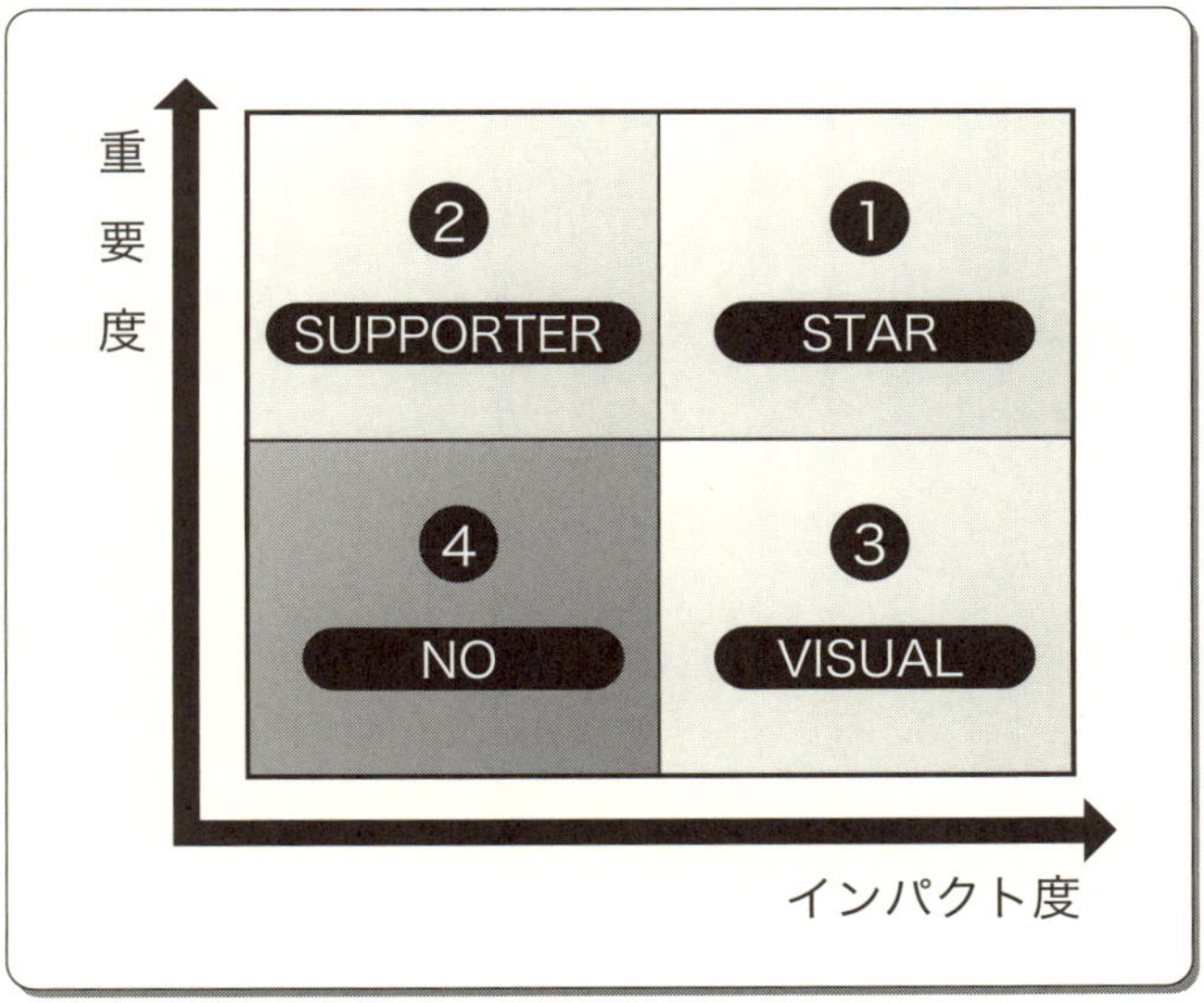

この情報はいったいどのカテゴリーに
入るのか？
一瞬で判断する習慣を身につけておこう！

情報整理の道具
13

PCアイデア培養術

情報はすべてパソコンにまとめなさい

情報整理にパソコンは欠かせない道具である。パソコンには検索機能があるから、アトランダムにどんどん保存する。どこになにを書いたかわからなくなっても大丈夫。「キーワード」を打ち込んで検索すればすぐに発見できるからだ。ノート1冊に時系列に情報をインプットする方法もあるが、私のような記憶力のない人間にはとても整理できない。

たとえば、あるテーマで企画を練らなければならなくなると、インプット情報からキーワード検索する。当然、いくつも出てくる。直近の情報からすごく古い情報まである。これらの情報をパソコンですべて引っ張り出す。

もちろん、「キーワードつながり」だけであって、バラバラの情報である。だが、ここに1つのテーマを掲げたとき、「使える情報」と「使えない情報」とに分別される。それが先に紹介した、この2ヶ月間で使える情報かどうか、「重要度」「インパクト度」だ。脳はすべてを記憶するわけにはいかないが、パソコンは律儀にすべてを記憶してくれる。しかもキーワードで一発検索できるのだ。

こう考えてみると、パソコンは「第2の脳」の機能を持つことがわかる。

情報は分類する

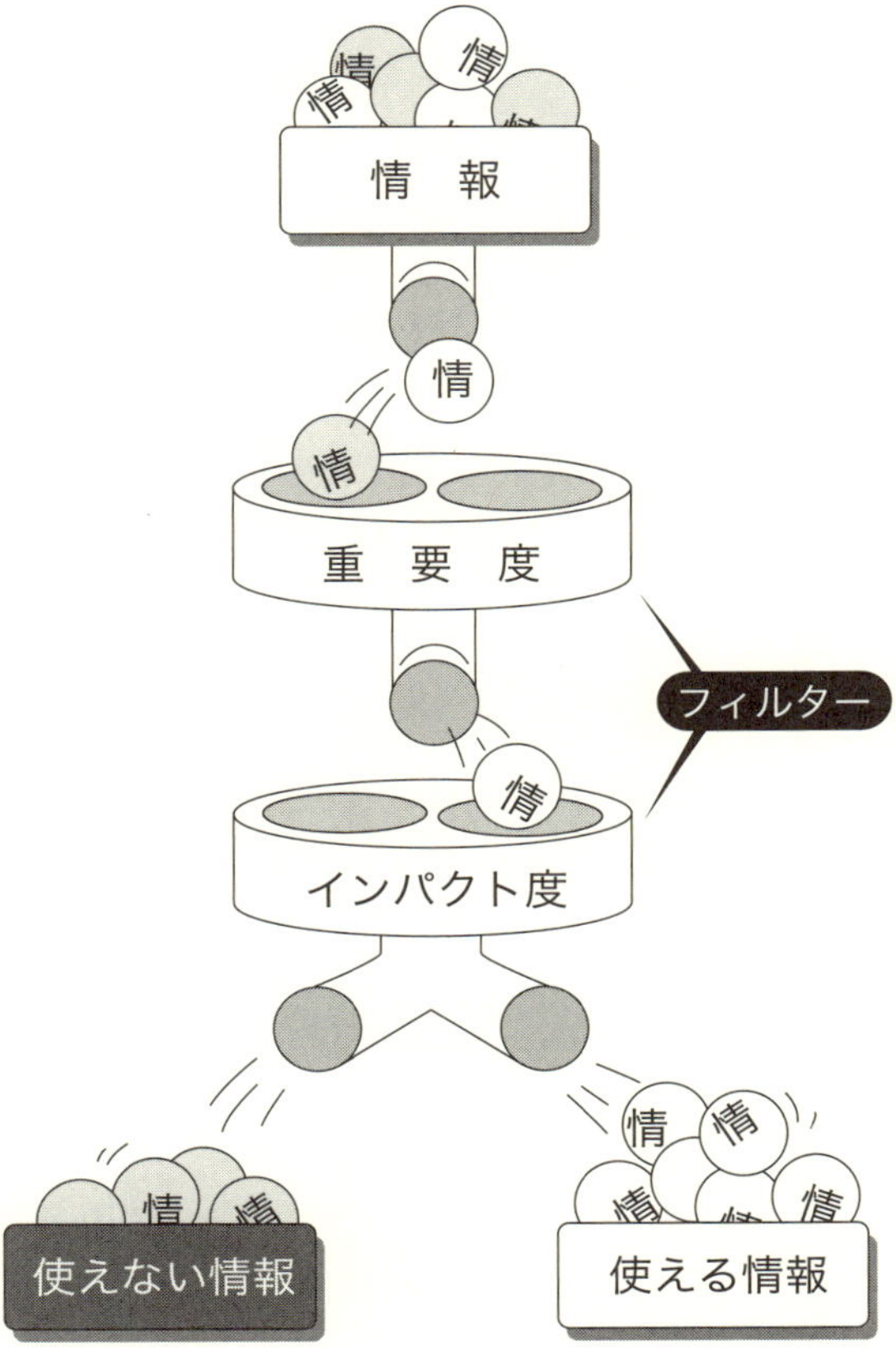

4章

効率よく仕事を進める

段取りの道具箱

段取りの道具 1

アイビー・リーの優先順位

●世界一の億万長者を生んだ、シンプルかつ最高の知恵

仕事の優先順位をどのように決定するか。かつて、ベツレヘム・スチールの社長、チャールズ・シュワップが、アイビー・リーという経営コンサルタントにノウハウを賜《たまわ》ったことがある。その結果、彼の会社は世界一に、彼は世界一の億万長者になった。何度も私は本で取り上げているのだが、そのときのノウハウを紹介しよう。

「ここに一枚の紙がある。明日しなければならない仕事を、ここに一つメモしてくれ」

「次に、それぞれの仕事の重要度に応じて番号をつける。そうしたら、メモをポケットにしまってくれ。さて、明日すべき仕事は番号①の仕事だ。まず、それを最後までやり遂げたら、次に番号②、それから③、④と取り組んでほしい。結果的に一つ、二つできなかったとしても悔やむことはない。とにかく最も重要な仕事ができたのだ」

「重要なのは、次の日も六つのメモを作り、同様に続けることだ。さらに社員にも同じことをさせてほしい。効果を認めたら、私に妥当な料金を払ってほしい」

これでコンサルタント料として払われた料金が、2万5000ドル。当時はフォードが10台買えた金額という。次ページのポイントに注意して、あなたも試してみてはいかがだろうか？

アイビー・リー、優先順位を決めるポイント

① 重要な仕事

とにかく、朝、イの一番にやらなくてはいけない仕事。たとえば、売上がもっとも大きい顧客へのセールスなど。

② 緊急の仕事

突発的に発生する仕事。発生したら、臨戦態勢でどんどん処理する。あくまでも平常時は「重要な仕事」を優先する。

③ 後回しにできる仕事

今やらなくてもいい仕事。ただし、あまり遅れ遅れになっている場合、思い切って優先させる決意もときに必要になる。

段取りの道具 2

戦略思考

どんな仕事も逆算しないと手順は見えてこない!

戦略とは、地図であり設計図である。たとえば、登山をする場合を考えてみればいい。山頂からたどって、どのルートが最も登りやすいか、休憩はどこでとるか、これらのプランを割り出す。登山道具の使い方、現場での危機管理、これらは「戦術」である。

いくら体力があっても、やみくもに道を突き進んだら、力尽きて遭難してしまう。戦術がいくら優れていても、最終目標を視野に入れた「戦略」が頭になければ、自分が迷ったことにすら気づかないのである。

そう言われると、ピンとくる人はピンとくるだろう。日本の多くの企業は、戦略をはっきりさせずに、ひたすら戦術に終始してきた。ひたすら融資に走った銀行、ただ利益も考えずにモノを作りまくった建設会社、典型である。だから現在、迷走しているのである。

戦略思考とは、難しいことではない。

①「何をやるか」、②「何をやらないか」、③「なぜやるのか」、④「なぜやらないか」、⑤「自分の資源をどう選択し、どこに集中するか」——これに答えるだけである。まずゴールを描き、そこから逆算しないと、段取りは頭に描けない。

戦略思考

戦略

❶ 何をやるか

❷ 何をやらないか

❸ なぜやるのか

❹ なぜやらないのか

❺ ヒト、モノ、カネ、技術といった
自分の資源をどう選択し、どこに集中するか

戦術

❶ どれをやるか

❷ だれがやるか

❸ だれとやるか

❺ どのくらいやるか

❹ どのようにやるか

❼ いつまでにやるか

❻ いつやるか

❽ どこでやるか

❾ いくらでやるか

段取りの道具 3

課題分割法

仕事は細切れにして一つひとつクリアしていく

戦略思考とはゴールから逆算で考える、マクロな方法である。一方で物事を分けて考えられる、ミクロな視点というのも実行する場合には重要である。よく、MBAで問われる次のような問題がある。

「牛1頭を食べてみろ、と言われたらどうするか?」

ステーキにして1日3枚ずつ分けて食べる、というのが理想の答である。「いつまでに」という期限がないところがミソ。太る心配とか、狂牛病の心配などは、この際しなくていい。

仕事もこのように分割して考え①資料を読みあさる作業、②具体的な内容を組み立てる作業、③ネタを取捨選択する作業、④下書きを作る作業、⑤原稿を完成させる作業……など、細かく分類できる。さらに原稿を完成させるにしても、1章、2章……と細かく分けられる。

これらすべての段取りとスケジューリングを頭に組み込むから、私の執筆速度は異常に速い。速ければ出版社に喜ばれる。好循環である。

課題分割法

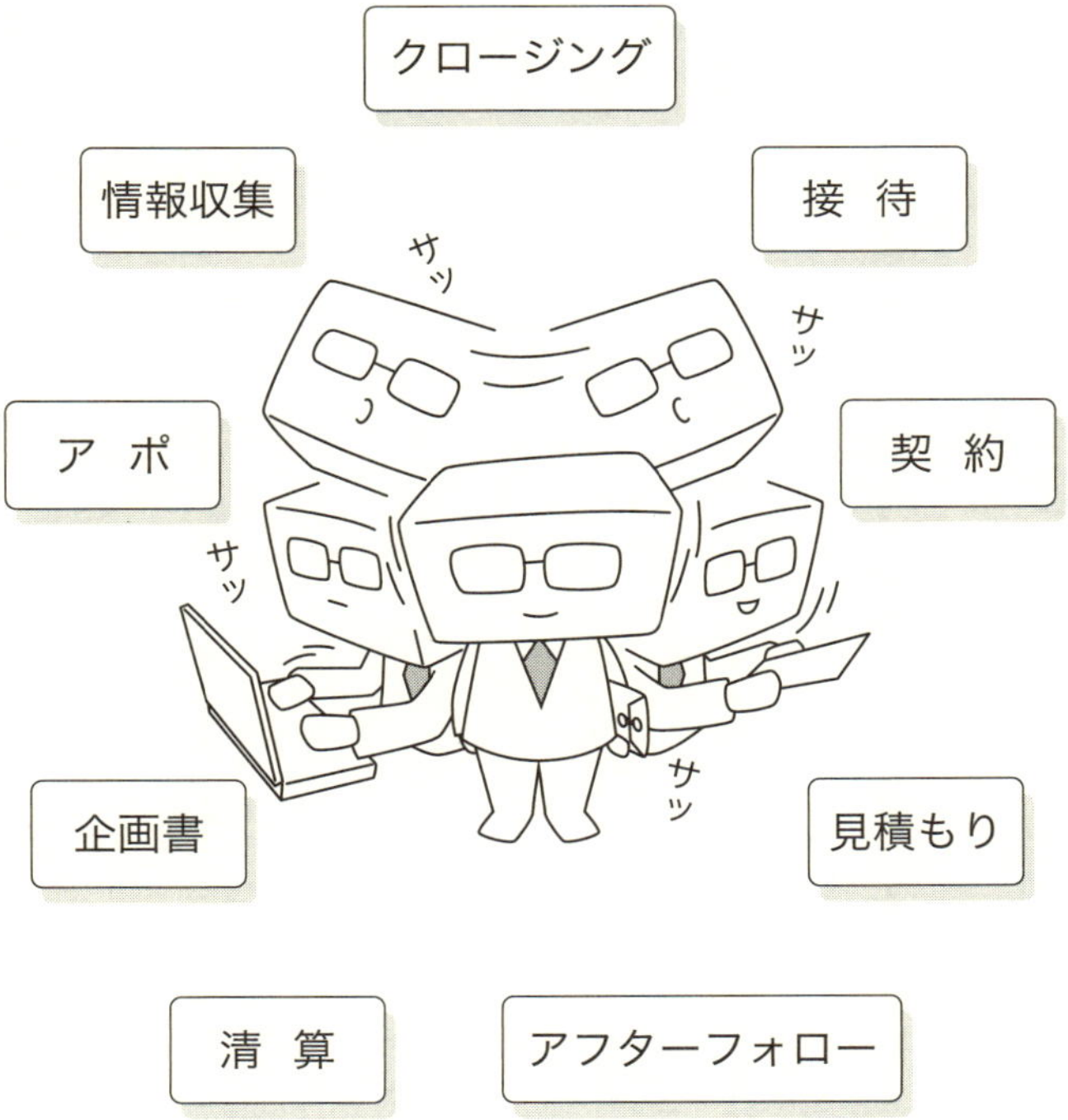

段取りの道具 4

かんばん方式

トヨタ流ムダ取りで1日を改善!

「要らないモノを処分することが整理であり、欲しいモノがいつでも取り出せることを整頓という。ただきちんと並べるだけは整列にすぎない。現場の管理は整理整頓でなければならない」

これは、あのトヨタで「かんばん方式」を作った一人、大野耐一元トヨタ自動車副社長の言葉だ。

かんばん方式とは、世界中のメーカーがこぞってお手本にした生産方式である。工程を指示情報板（看板）に書き、前工程から後工程にリレーする。工程管理に看板を使うからそう呼ぶのだが、重要なのは「必要なものを、必要なときに、必要なだけ作る」というコンセプトで、ムダ、ムリ、ムラの3つの「ム」を徹底排除してこそ成り立つということだ。それには日々、「こんなことしなくていいよなあ」と問題意識を持ち、思ったら即、改善していく姿勢が必要になる。

あなたにも、「こんなことしなくていいよなあ」と思うことはないだろうか?

たとえば、ビジネスマンは平均して、探し物をするためだけに年間150時間を無駄に使うそうだ。1日7時間働いたとして、およそ21・1日分。これは馬鹿にできない。

だったら即、「改善策」を試してみる。これが効率のよい仕事につながるのである。

かんばん方式の仕組み

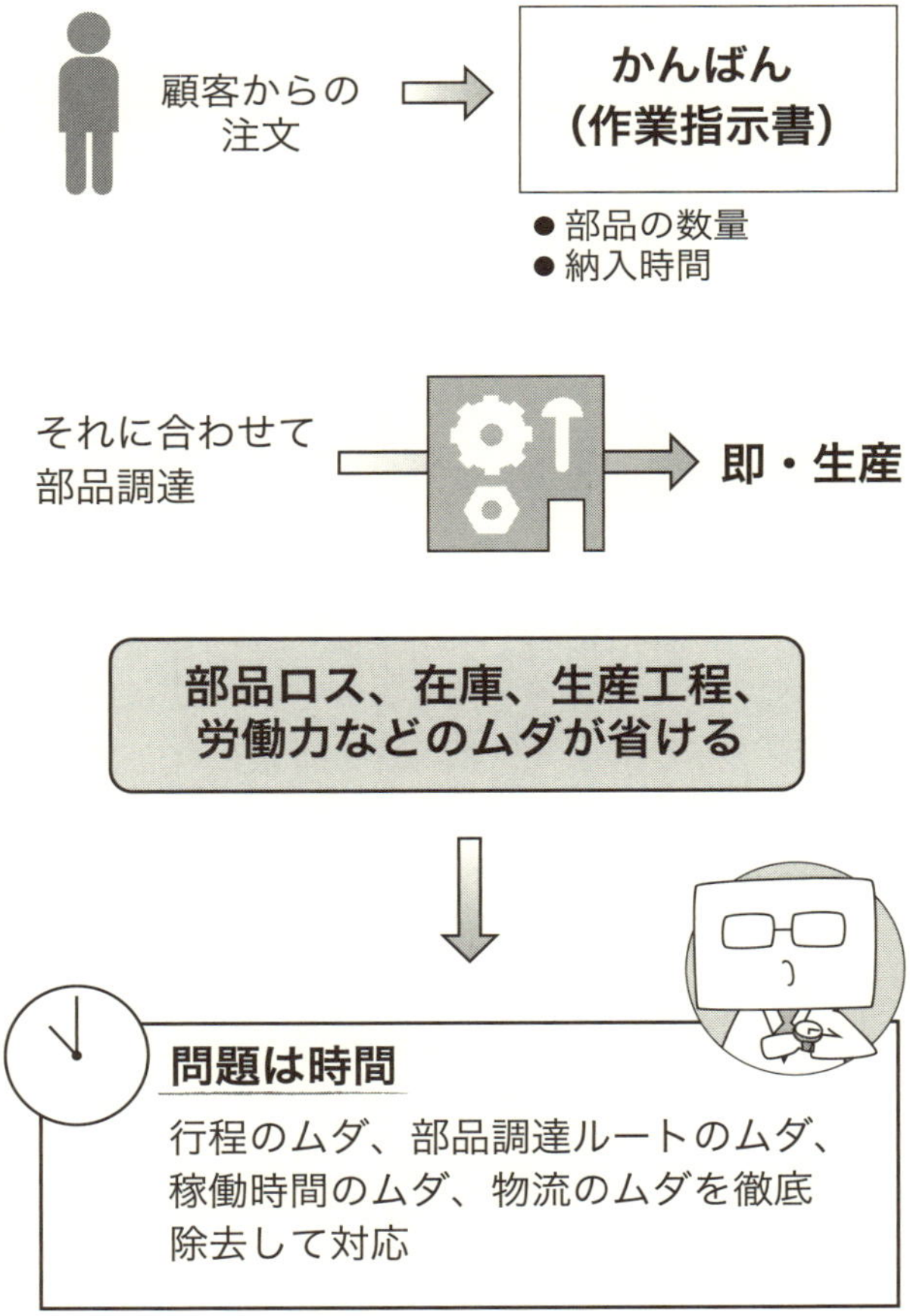

顧客からの注文
かんばん（作業指示書）
●部品の数量
●納入時間
それに合わせて部品調達
即・生産
部品ロス、在庫、生産工程、労働力などのムダが省ける
問題は時間
行程のムダ、部品調達ルートのムダ、稼働時間のムダ、物流のムダを徹底除去して対応

段取りの道具 5

まず、やるべきこと！

どうすれば最重要・最優先が実現できるか

あなたが受験生だったときのことを思い出してほしい。

「確かこんな問題、前にやったなあ……。えーと確か、何だっけなあ。こうじゃないし、こうじゃないし……あっ、思い出した！　こうすればいいんだ。よし、もらった！」

「はい、そこで筆記用具を置いてください」

可哀想だが、お受験というのは、こういうもの。要領のいい受験生は必ず先に全体を見て、簡単な問題から解いていく。ビジネスも同じ、期限もあれば、競争もある。全体を見て、何を先にすべきか。最速コースを見つけられない人は、成功もおぼつかないのだ。

では、ビジネスも簡単な問題からどしどしクリアしていけば、結果は得られるのか？

かつて松下幸之助さんは、こんなことを言った。

「一番大きな、一番難しい問題から取り組まんとあかん。これができれば、あとは自然と解決するんや」

次図に示したのは、有名なパレートの法則に当てはめたもの。仕事の20％の部分が、全体の80％の成果を生む。その部分をいかに優先するかが、カギなのだ。

パレートの法則

現実的に成果の80%は、仕事時間の20%が生んでいる

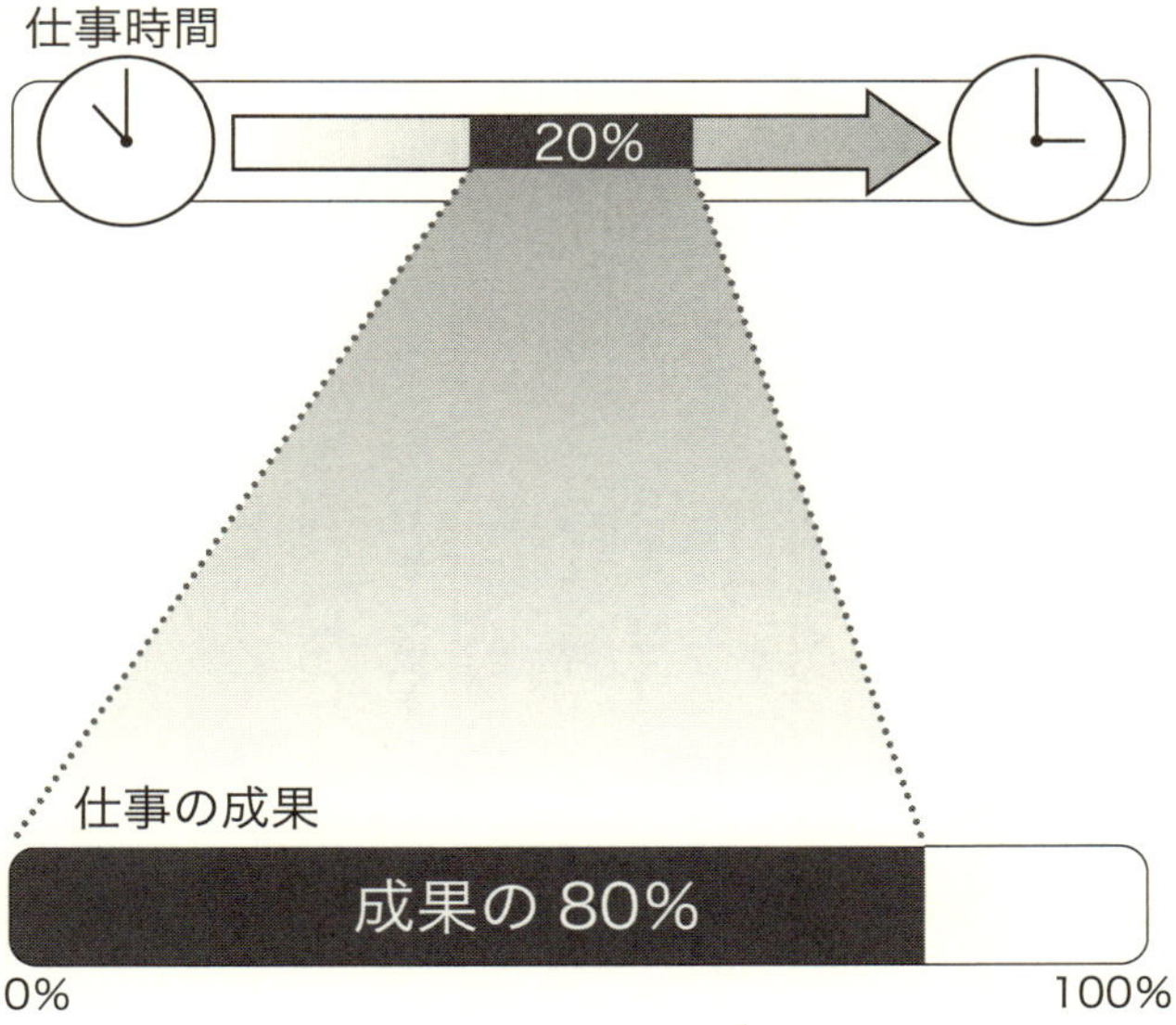

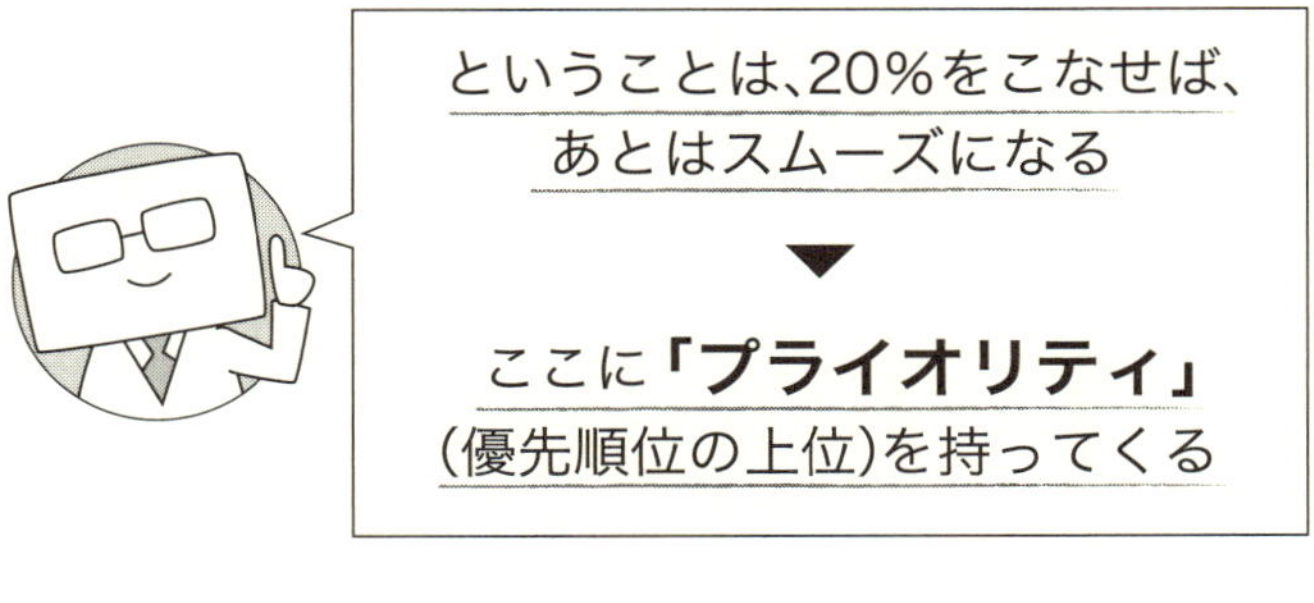

段取りの道具 6

to do list

いま抱えている仕事の全体像が見えてくる！ 仕事の先取りをする技術

「to do list」を活用している人は多いだろう。毎朝、今日の仕事、来週・来月の仕事をリストアップしておく。リーダー層なら来期の仕事、今後3年間、5年間の仕事（事業計画）をリストアップしておく。なぜ、リストアップが必要かといえば、仕事の先取りをするためだ。不測の事態が起きても、「to do list」に従って優先順位を入れ替えれば、即座に対応できる。書き方は次の表の通りだが、横軸と縦軸があることに留意しよう。

横軸とは、今日、今週、今月……という時間軸。①今日すべき仕事、②今週すべき仕事、③今月すべき仕事、④今期すべき仕事。もちろん、ポイントは優先順位だ。

縦軸とは、1日のタイムテーブルのことである。たとえば、今日の「to do list」なら、①「今日すべき仕事」を「to do list」としてメモ等に書き込む（私はGoogleカレンダーを活用している）。②デスクに貼り付ける。③優先順位を決める。④優先順位順に並べ替える。⑤優先順位順に仕事をする。⑥毎日①～⑤までを繰り返す。

「to do list」は絶対ではない。状況に応じて変える。これをつくることで、いま抱えている仕事がよく見えてくる。どれが重要か、次に重要なのは何か……、仕事の全体像が見えてくる。

to do list

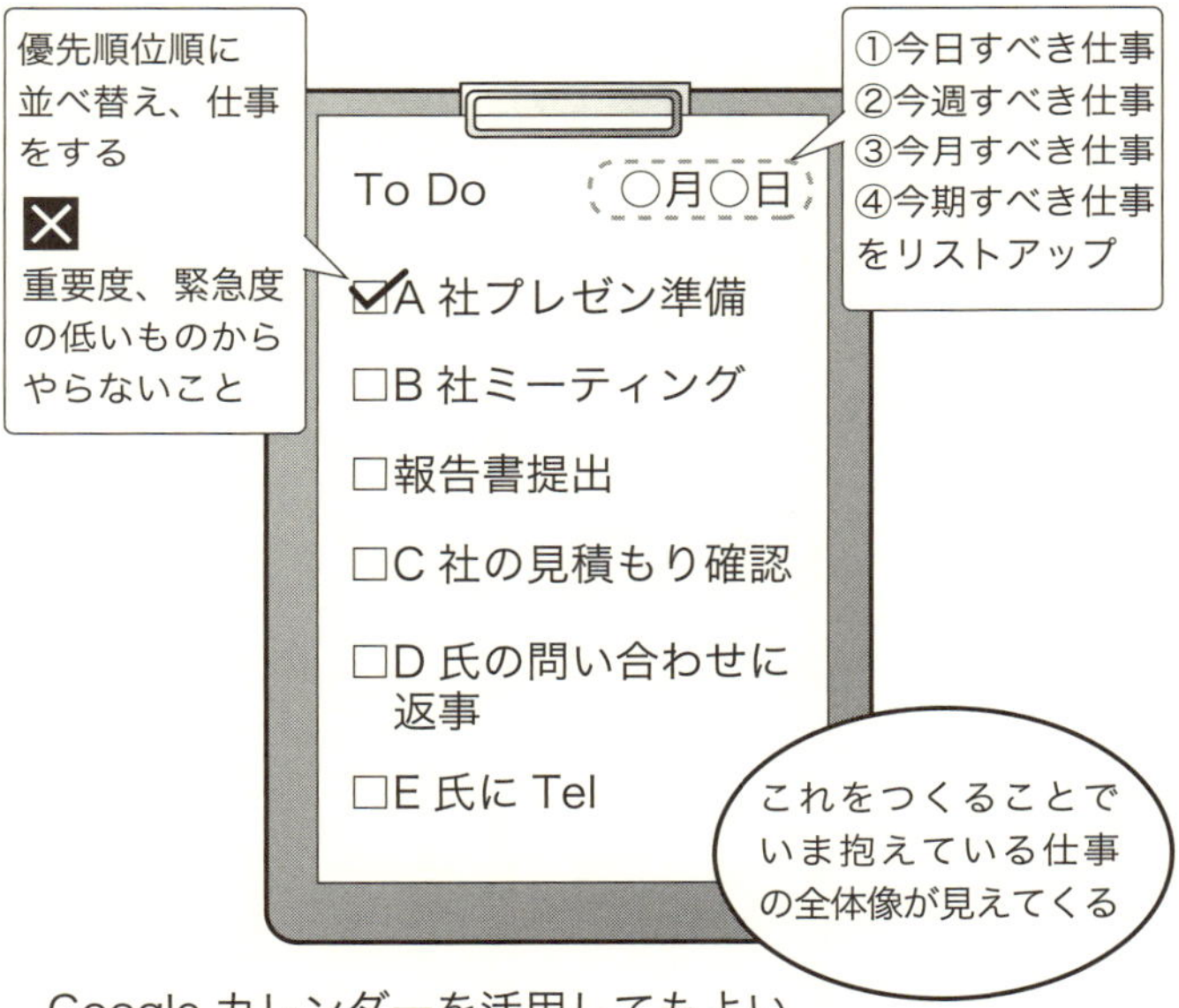

Googleカレンダーを活用してもよい

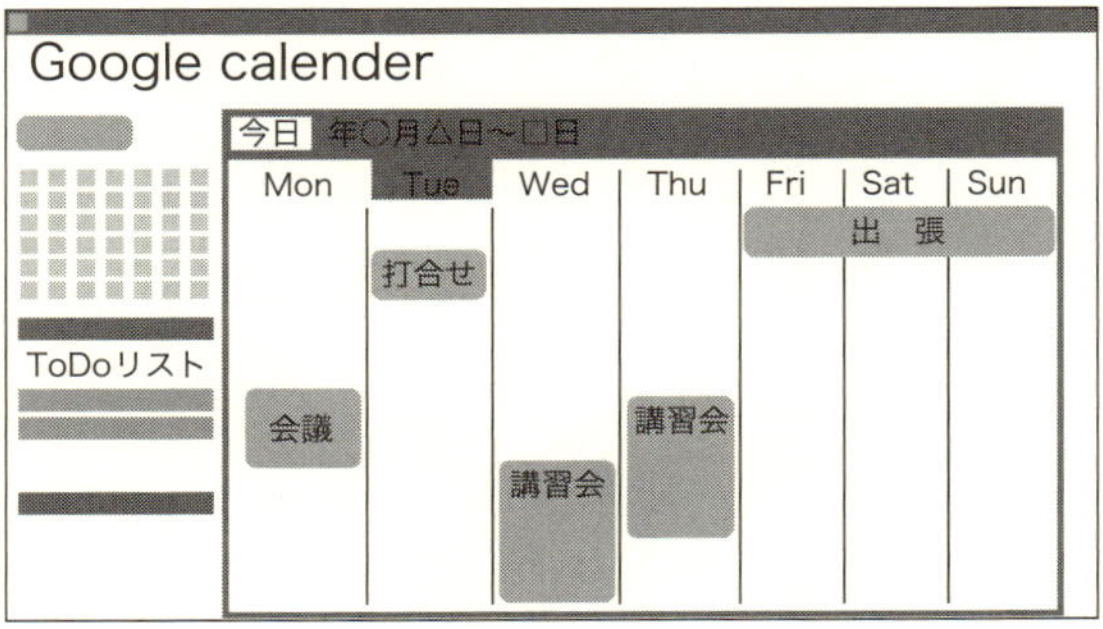

段取りの道具 7

エレベーター・プレゼンテーション

報告は、すべて3行でしなさい

エレベーター・プレゼンテーションという言葉をご存知だろうか。米国企業のトップなどは、日本人と比べて、ケタ外れなほど時間の取れない人間が多い。しかし、このトップに提案を通さない限り、自分の意見は通らないことが多い。通しさえすれば、自分の思うように仕事ができるのだから、これは日本より融通がきく、といえるかもしれない。

そこでどうするか。そのトップが外出するときなど、一緒にエレベーターに乗り、階下にたどりつくまでにプレゼンを終了してしまうのである。向こうの映画には、よくそんな場面が登場する。なるほどと思う方も、多くいらっしゃるだろう。

すべて報告は3行でするように、と言ったのは、かつてのレーガン米大統領である。そうでなければ、トップは多くの問題を処理できない。結論を第一にして、それも極力短くする、そうできない結論など、出てないのも同然なのだ。

自分がこれからやるべきこと、仕事の目的、すべて同じだ。いつも一言でまとめられるようにしておけば、いざというときに話は早い。この訓練だけは、つね日頃からしておきたい。

エレベーター・プレゼンテーション

1 まず第一に結論。(これで1行)

わたしは、○○社と取引する件には反対です。

▼

2 理由は多くとも3つまで。(これで2行)
余計な修飾語や感想はつけない。

なぜなら、儲け額に対してリスクが大きすぎます。
それに先方も、パートナーとしてあまり信用できません。

▼

3 代案があるなら、予告として示しておく。

○○社以外にも有望顧客候補はあります。
後日、そのリストを提出させていただきたいと思いますが、いかがでしょうか?

段取りの道具 8

ABCDE法

超えられない壁にぶつかっても、スムーズに仕事を進める法

仕事をしていると、どうしても先へ進めなくなってしまうときがある。トラブルが起きたとか、失敗したとかとか、そういったケースである。ここでいつまでも悩んでいたり、ヘコんでいたりしたのでは、仕事はなかなか先に進まない。段取りがすべてぶち壊され、悲惨な結果になってしまう。

アメリカのアルバート・エリスとベックという心理学者は、このようなマイナスの状況を5段階に分け、論理的に突破していく方法を提唱している。・Adversity（逆境）、・Belief（思い込み）、・Consequence（結果）、・Disputing（論破）、・Effective（元気回復効果）というわけで、称してＡＢＣＤＥとなる。詳しくは左の図を参照してもらいたいが、弱い自分を成長した自分で論破していくというのは、ディベート方式で極めて面白いものだ。

さすがディベートの国、アメリカのシリコンバレーでは、この方法ですぐ仕事を再開するビジネスマンが多いようである。日本人としてこの地で活躍したキャメル・ヤマモトさんは、その様子を『コツコツ働いても年収３００万、好きな事だけして年収１０００万』（幻冬舎）で伝えている。要は切り替え、それがすべての段取りを活発に変えるのだ。

ABCDE法

A ……Adversity（逆行）

自分がおかした失敗を事件としてありのまま記述する。

（例）編集者であるわたしは、著者・中島先生から預かった原稿をなくしてしまった。

B ……Belief（思い込み）

失敗の原因だと思うことを書く。

（例）自分の不注意が原因である。今回に限ったことではない。

C ……Consequence（結果）

その結果に対する自分の感情を記述する。

（例）もう編集者としては失格である。辞めてしまおうか。

D ……Disputing（論破）

Bを論破してみる。そうすればCも変わる。

（例）不注意、まてよ？考えてみれば自分は会社で最も校正ミスのの少ない人間ではないか？　では何で、あのとき、原稿をなくすようなミスを……そうか、先生に明け方まで飲まされてボロボロだったじゃないか。

E ……Effective（元気回復効果）

前向きに転換していく。

（例）そう。飲むのもいいけど、原稿を持っているときだけは気をつけよう。今は先生のところにデータも残っているんだ。今回は不幸中の幸い。これから気をつけよう！

段取りの道具 9

リバース・シンキング

失敗もプラスに変えてしまう、このプラス発想

リバース・シンキングとは、私が勝手に作った言葉だ。失敗したとか、思うようにいかないときに、「それもいいか」と開き直ってみると、案外うまくいくことが多い。短所を長所とみなし、その長所を伸ばしていく。いわば逆さ発想であるが、これができれば仕事も快適この上ない。

かつて手塚治虫さんが、クライアントから動物のイラストを頼まれたことがある。夜中、オレンジ色の暗いライトの下で描いていたのだが、明るい陽の下で見てびっくり、ライオンが真っ白だったのである。

失敗だ。急いで描き直さなきゃ！　描き直そうとしたとき、ふと頭をよぎる。

「これ、いいんじゃない？」

これがジャングル大帝レオ、誕生の瞬間である。

こんなリバース発想で大逆転した例は多い。iPS細胞で2012年にノーベル生理学・医学賞をとった京都大学の山中伸弥教授にしても、もし手術が得意だったら研究者ではなく臨床医の道を選んでいたはずだ。すると、iPS細胞（人工多能性幹細胞）は生まれなかった。人生も仕事もおもしろい。マイナスは視点を変えればプラスになる。

リバース・シンキングの例

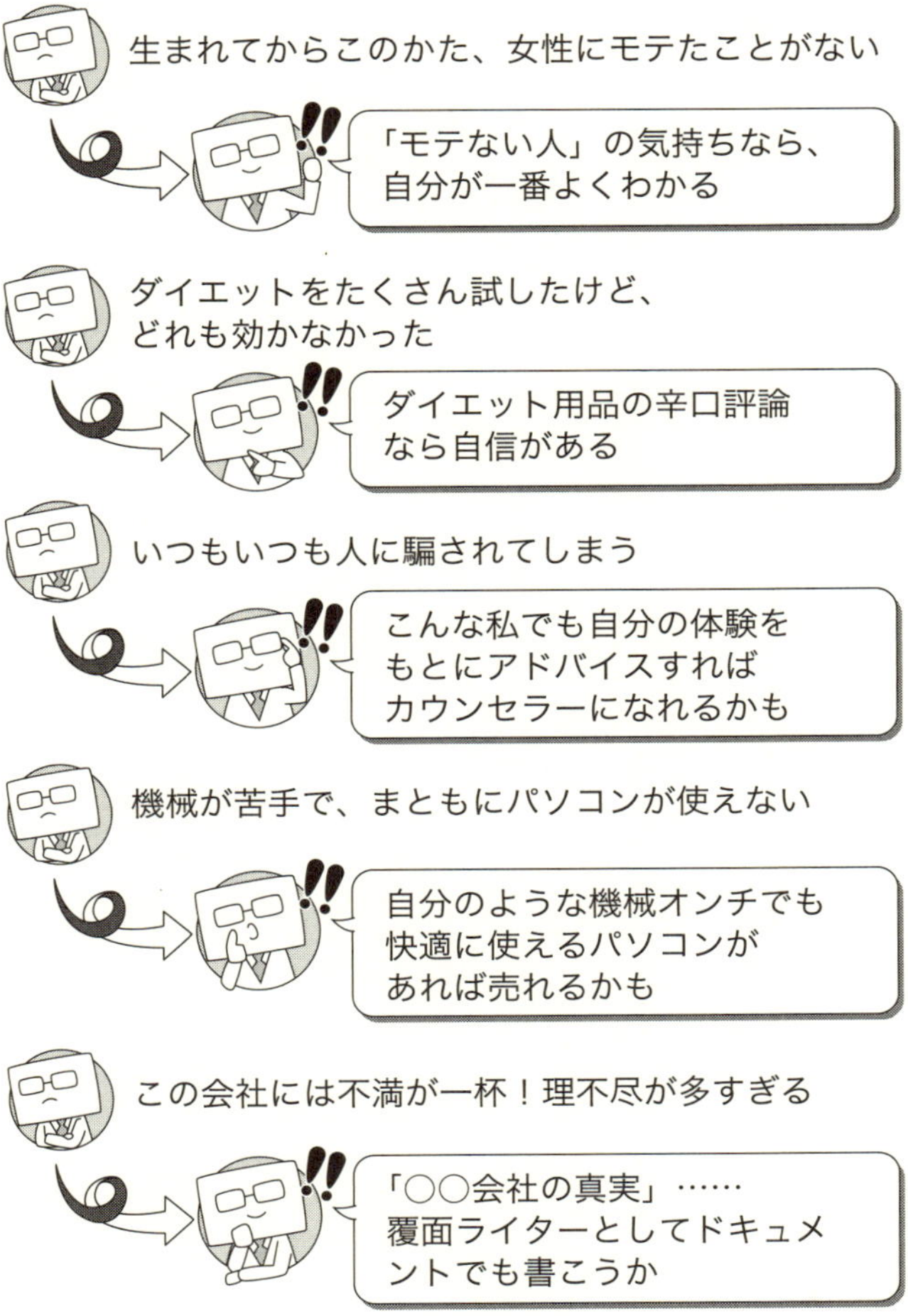
生まれてからこのかた、女性にモテたことがない
「モテない人」の気持ちなら、自分が一番よくわかる
ダイエットをたくさん試したけど、どれも効かなかった
ダイエット用品の辛口評論なら自信がある
いつもいつも人に騙されてしまう
こんな私でも自分の体験をもとにアドバイスすればカウンセラーになれるかも
機械が苦手で、まともにパソコンが使えない
自分のような機械オンチでも快適に使えるパソコンがあれば売れるかも
この会社には不満が一杯！理不尽が多すぎる
「○○会社の真実」……覆面ライターとしてドキュメントでも書こうか

5章

仕事の壁を突破する
問題解決の道具箱

問題解決の道具 1

なぜなぜ分析

「本質的な問題」を明らかにする質問の技術

質問は、問題を発見し、解決するための道具だ。

トヨタの改善手法（「KAIZEN（カイゼン）」は世界共通の言葉になっている）に「なぜ？」を5回繰り返す、というものがある。前述の「カンバン方式」を編み出した大野耐一さんは、現場でトラブルが発生したとき、従業員に「なぜそれが起きたのか？」をとことん追究（×追及）させた。「なぜ？」「なぜならば～」×5回＝「why—becauseで考える習慣」の徹底である。「なぜ？」を5回も繰り返すと、因習やしきたりは論拠が薄くなってくる。

①「なぜランチは正午からなんですか？」「昔から決まってるんです」

②「なぜ変えないんですか？」「デメリットもないからねえ」

③「なぜデメリットがないんですか？」「長年の習慣ですから、みなが認めてるんでしょう」

④「なぜ認めたんですか？」「別にアンケート調査したわけじゃないんですけど」

⑤「なぜランチ時に混雑して昼休みがとれないって言わないんでしょうね？」

結局、この会社は昼休みのスタートを15分早めてしまった。「なぜ？」を何度も繰り返すと、会社や組織、チームが抱えている、この本質的な原因＝真因にたどり着く。

「なぜ?」を5回繰り返す!

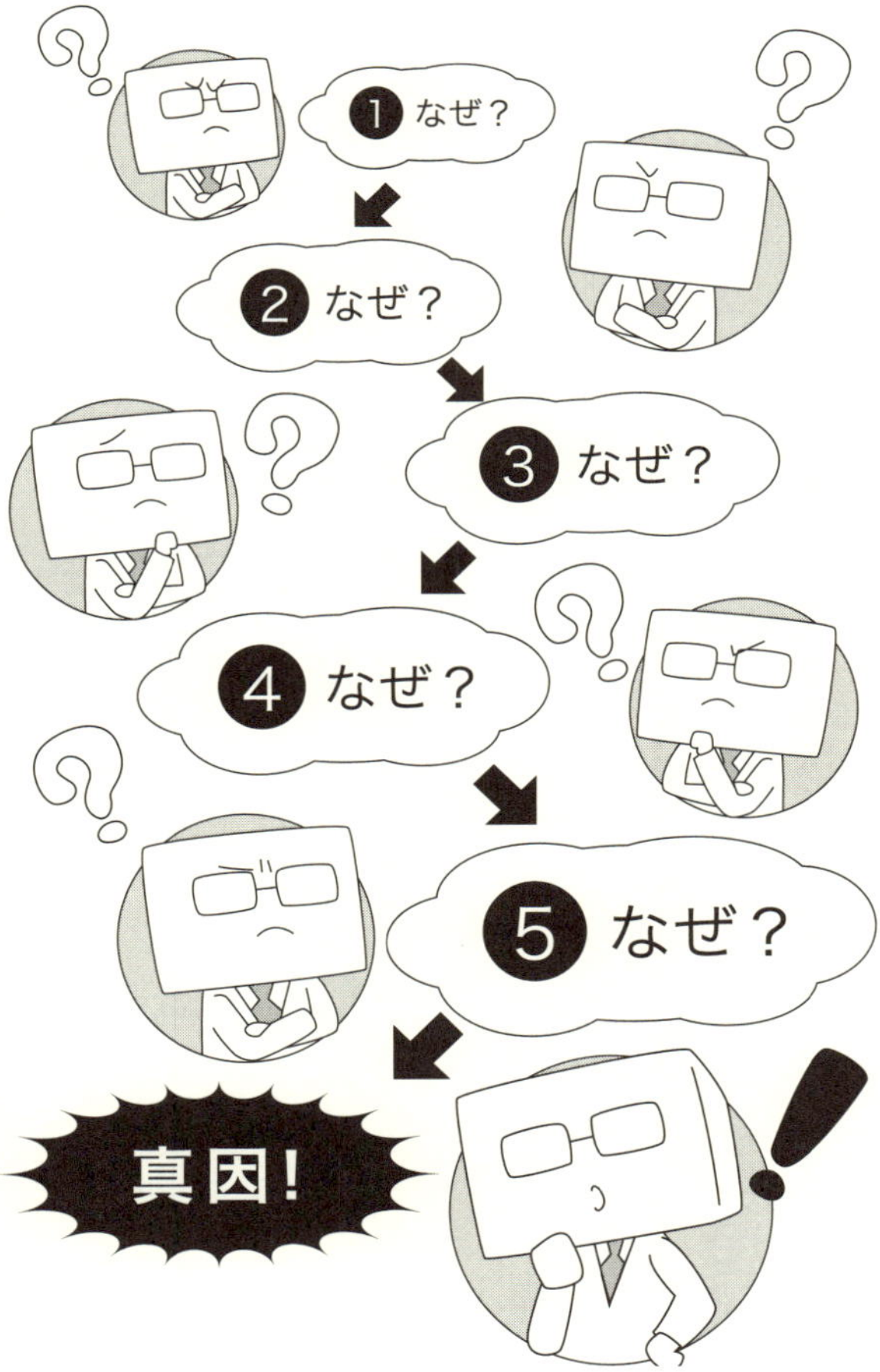

問題解決の道具
2

六つの質問力

壁にぶつかったら、この六つを問いかける

問題発見・問題解決の基本は、何といっても「質問」である。コンサルタントの仕事の基本も、クライアントに質問すること。刑事の仕事の基本が質問であることと、これは変わらない。

しかし、ただ「なぜ？」（ＷＨＹ）と聞くだけではインタビューの質問と同じ、本質的な問題は見えてこない。「どのようにして？」（ＨＯＷ）が導き出されねばならないのである。

そこで、私が使っている質問が次の六つである。

①「なぜ、そうなるのか？」（論理的な質問）、②「これからどうするか？」（分析的な質問）、③「ほかに何かないか？」（多角的な質問）、④「どうすれば可能になるか？」（建設的な質問）、⑤「本当にこれでいいの？」（破壊的な質問）、⑥「何かおかしくない？」（懐疑的な質問）。

基本は①の「ＷＨＹ」と②の「ＨＯＷ」であるが、出てきた答えに他の四つをぶつけていけば、さまざまな問題の中から本質部分とその解決法が自然と導き出せる。そう、「質問力」とは問題発見だけでなく、解決法も導き出す万能ツールなのだ。

六つの質問力

① 論理的な質問「なぜ、そうなるのか？」(WHY)
なぜ、と聞くことによって、問題がどんどん掘り下げられる

② 分析的な質問「これからどうするのか？」(HOW)
どうすれば、と聞くことによって、解決法が導き出せる

③ 多角的な質問「ほかに何かないか？」
部分にとらわれず、違う視点からさまざまなスポットライトを当てる

④ 建設的な質問「どうすれば可能になるのか？」
“可能”という前提に立って、結果から障壁となる問題を発見する

⑤ 破壊的な質問「本当にこれでいいのか？」
見つかった答えが本当に“本質なのか”、より深く掘り下げる

⑥ 懐疑的な質問「何かおかしくない？」
最終的な確認をするために、あえてネガティブな立場から考えてみる

問題解決の道具 3

親和図法

あらゆる問題を山の上から眺めるための整理法

前項のように、質問することによって、一つの問題からさまざまな問題が登場することになる。これらを整理し、問題の本質をつかむための図解法が、この「親和図法」と次の「連関図法」である。

大テーマを中心に書き込み、出てきた問題をアトランダムに広げていく。そこで関連性のあるものを、一まとめにしておくわけだ。新しい問題が浮かんできたら、その都度、そのカードも作る。また、一まとめになったくくりを統括する事項もカードにして、図のように見出しにしていく。これが整理されたものが左の図である。

問題点はできるだけ「主語＋述語」で記入するのが、この方法のポイントだ。キーワードでなく、できるだけ具体的にカードを作ったほうが、あとでわかりやすくなる。

ただ、問題点はあくまでも考えるための目安ということ。俯瞰できるメリットはあるが、ここに本質的な答が必ずあるわけではない。思索の手がかりにするツールと考えたほうがいいだろう。

親和図法

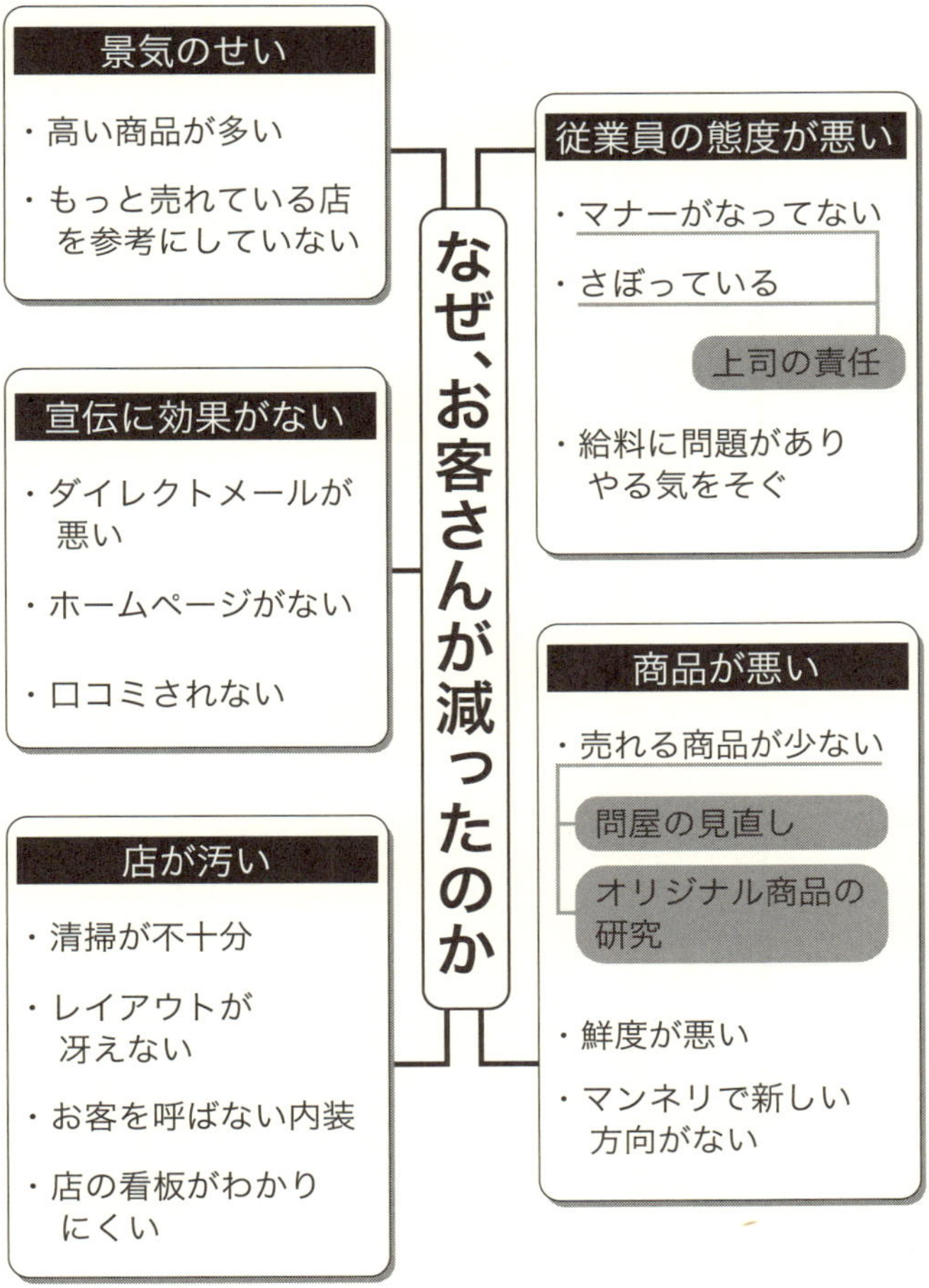
なぜ、お客さんが減ったのか
景気のせい
・高い商品が多い
・もっと売れている店を参考にしていない
宣伝に効果がない
・ダイレクトメールが悪い
・ホームページがない
・口コミされない
店が汚い
・清掃が不十分
・レイアウトが冴えない
・お客を呼ばない内装
・店の看板がわかりにくい
従業員の態度が悪い
・マナーがなってない
・さぼっている
上司の責任
・給料に問題がありやる気をそぐ
商品が悪い
・売れる商品が少ない
問屋の見直し
オリジナル商品の研究
・鮮度が悪い
・マンネリで新しい方向がない

問題解決の道具

4

連関図法

●「なぜ」の枝を伸ばして、問題の渦を広げていく

一つの問題を中心に原因を逆算していき、渦のように問題の本質を探っていくのがこの方法である。

最初の問題に「なぜ?」と問うて挙がるいくつかの問題に対し、さらに「なぜ?」と枝を伸ばしていく。アイデアの道具の「マインドマップ」のベクトルを逆にしたものが、この「連関図法」と考えてもいいだろう。

こうして、広がっていった渦の先に共通項目が出てくれば、そこに大きなネックがあるケースが多い。たとえば、左図を見ていただきたい。

連絡ミスの問題を広げていった先に、まず携帯電話が問題となっていることがわかる。さらに「対象者が多すぎる」と「忙しい」という問題が実はくくれそうである。

その結果、この会社ではまず連絡手段の見直しをすることにした。大事なことはメールで連絡するような体制を作り、そのためのホストとなる携帯電話も購入した。さらに、人手不足をフォローするための採用募集も新たに行なうことにした。

こうなれば、問題は具体的解決に向かうことになるだろう。

連関図法

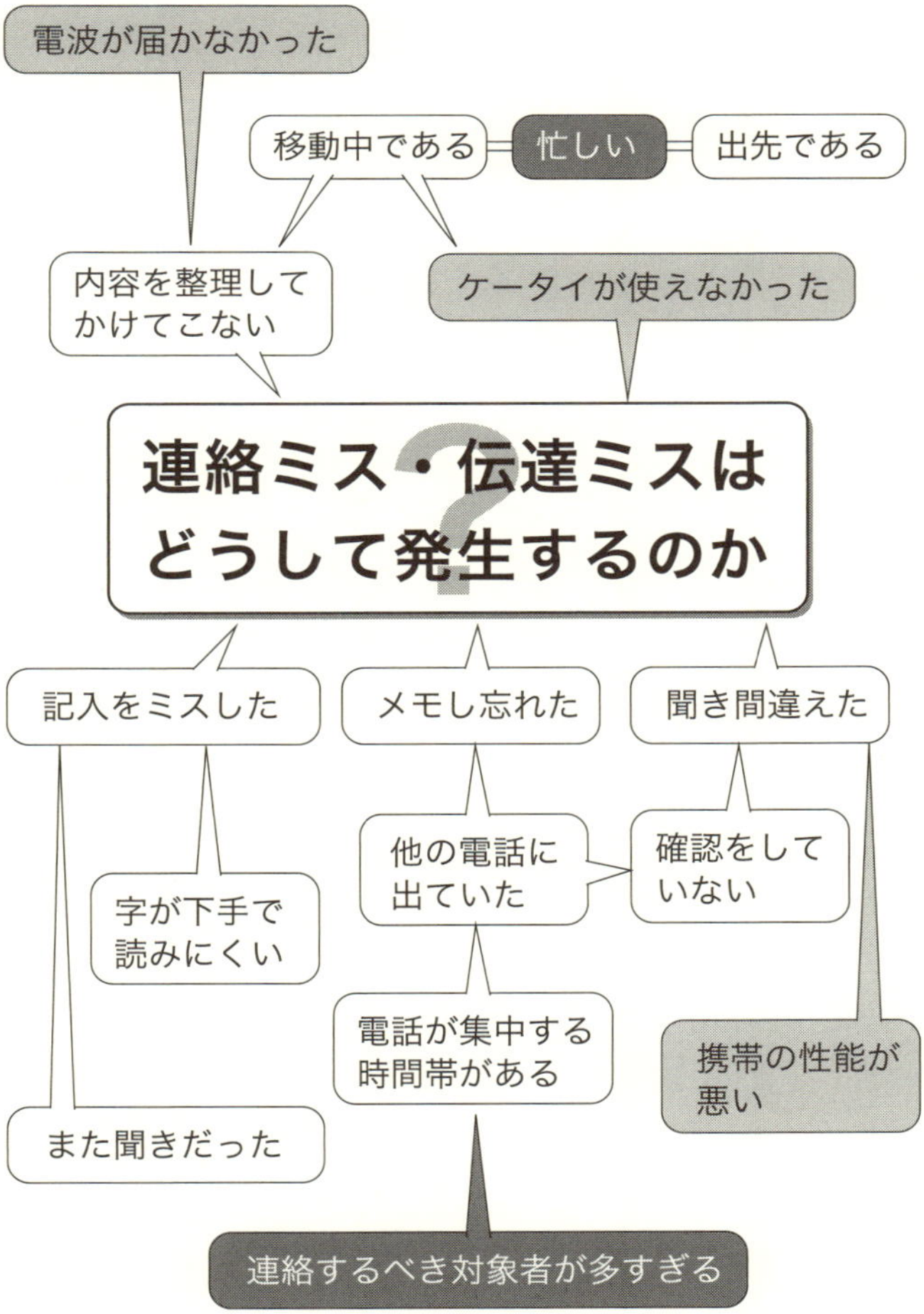
電波が届かなかった
移動中である
忙しい
出先である
内容を整理してかけてこない
ケータイが使えなかった
連絡ミス・伝達ミスはどうして発生するのか
記入をミスした
メモし忘れた
聞き間違えた
他の電話に出ていた
確認をしていない
字が下手で読みにくい
電話が集中する時間帯がある
携帯の性能が悪い
また聞きだった
連絡するべき対象者が多すぎる

問題解決の道具 5

フィッシュボーン図

サカナの骨で考えると、因果関係がまるごとわかる

原因をとことん突き詰め、その因果関係をカテゴリー別に分類し、それを1枚の絵にすべて表記する。それが特性要因図（フィッシュボーン図）。サカナの骨で考える方法だ。

たとえば、「店の売上が激減している」と気づいたとしよう。「売上はどうして激減したのか？」という問題に対して、「こういう理由もあるかもね」「これが原因かな」と、考えられるかぎりのアイデアを出してみる。すると出るわ出るわ、「商品が悪い」「店内が汚い」「照明が暗い」「店員が陰気」「駐車場がない」「価格が高い」「整理整頓がなってない」などなど。

大問題というのはたった1つのトラブルだけで構成されていることは少ない。中問題、小問題などが入り組んで複雑に絡み合っている。それを各レベルでグルーピングしてみる。するとサカナの骨を描くように、小さな骨（問題点）が中くらいの骨（問題点）をつくり、中くらいの骨が真ん中の大きな骨（大問題）をつくっていることが判明する。これらが一丸となって「売上激減」というテーマに流れ込んでいることがわかろう。

こうすると、問題ごとに整理できるだけではなく、問題が結果（「売上激減」）にどう影響しているか。大から小までいったいどんな問題があるかが一目瞭然となる。

サカナの骨で問題が解決する

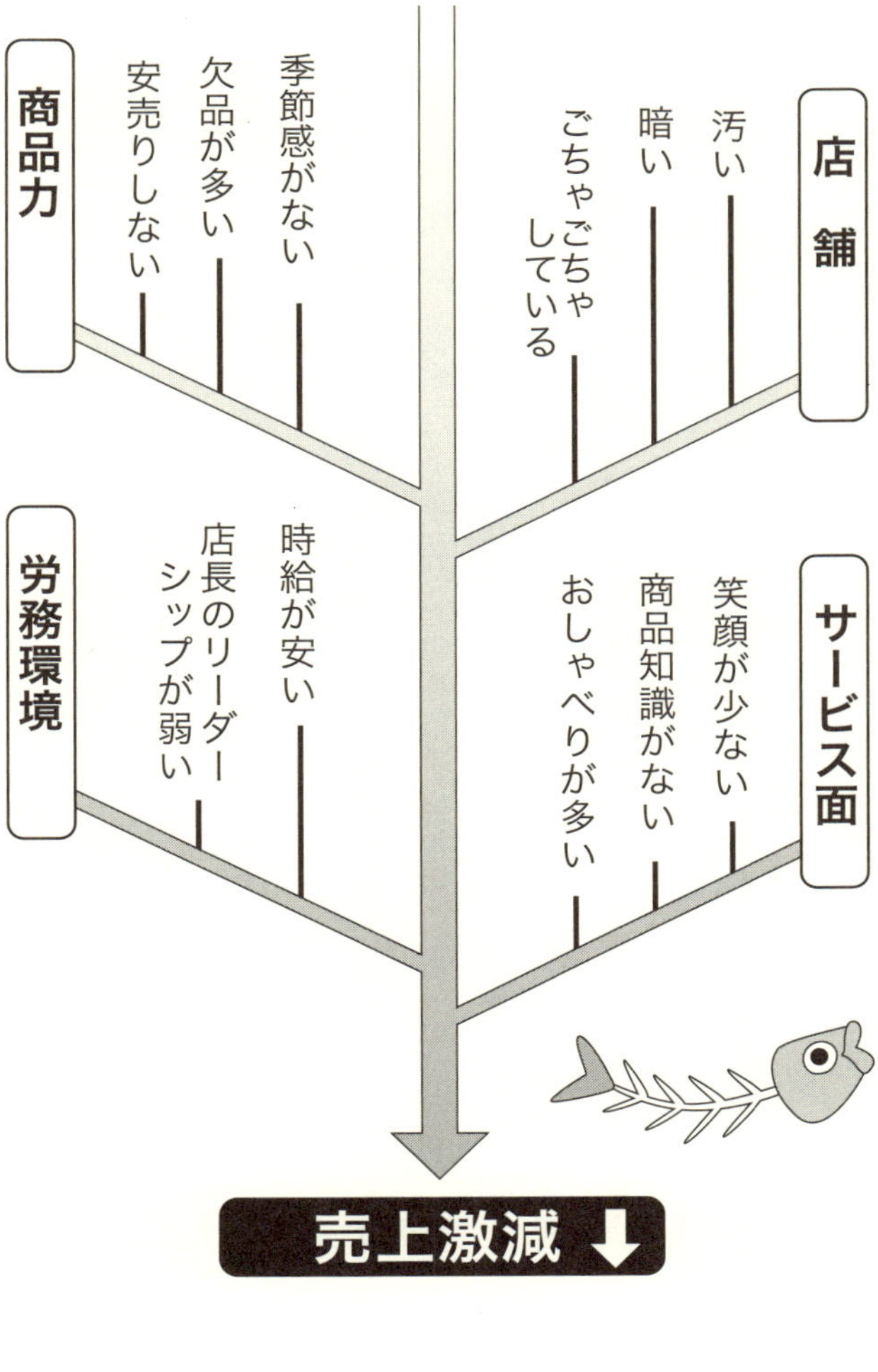

問題解決の道具 6

MECE

ロジカル・シンキングの基本、あらゆる問題を合理的に分解！

ＭＥＣＥ（ミーシー）とは、コンサルタント・ファーム大手のマッキンゼーが徹底活用している思考法。省略せずにいえば「Mutually Exclusive, Collectively Exhausive」で、「漏れなくダブりなく」ということになる。

この「漏れなくダブりなく」が、とても難しい。左はマッキンゼーの元コンサルタント、イーサン・Ｍ・ラジエルが書いた『マッキンゼー式　世界最強の仕事術』（英治出版）という本を参考にしたもの。「商品Ａの売上を上げる」ためには何をすればいいか、まず三つに分解した。そこで「販売戦略の変更」「マーケティングの改善」「単価を下げて購入数を増やす」という三つが出てきたが、「商品を改良する」というのはどうだろう？

実は「改良する」ことによって「単価が下がる」こともあれば、品質が改善されると競争力が高まりマーケティングの要素になる。つまり「ダブり」だ。よって「商品を改良する」は分解され、その下の階層となる。問題が論理的に分解されるわけだ。

ただし難しいのは「ダブり」より「漏れ」である。だからＭＥＣＥというのは、案外、熟練した技量やミーティングが必要となるツールかもしれない。

MECEの作り方

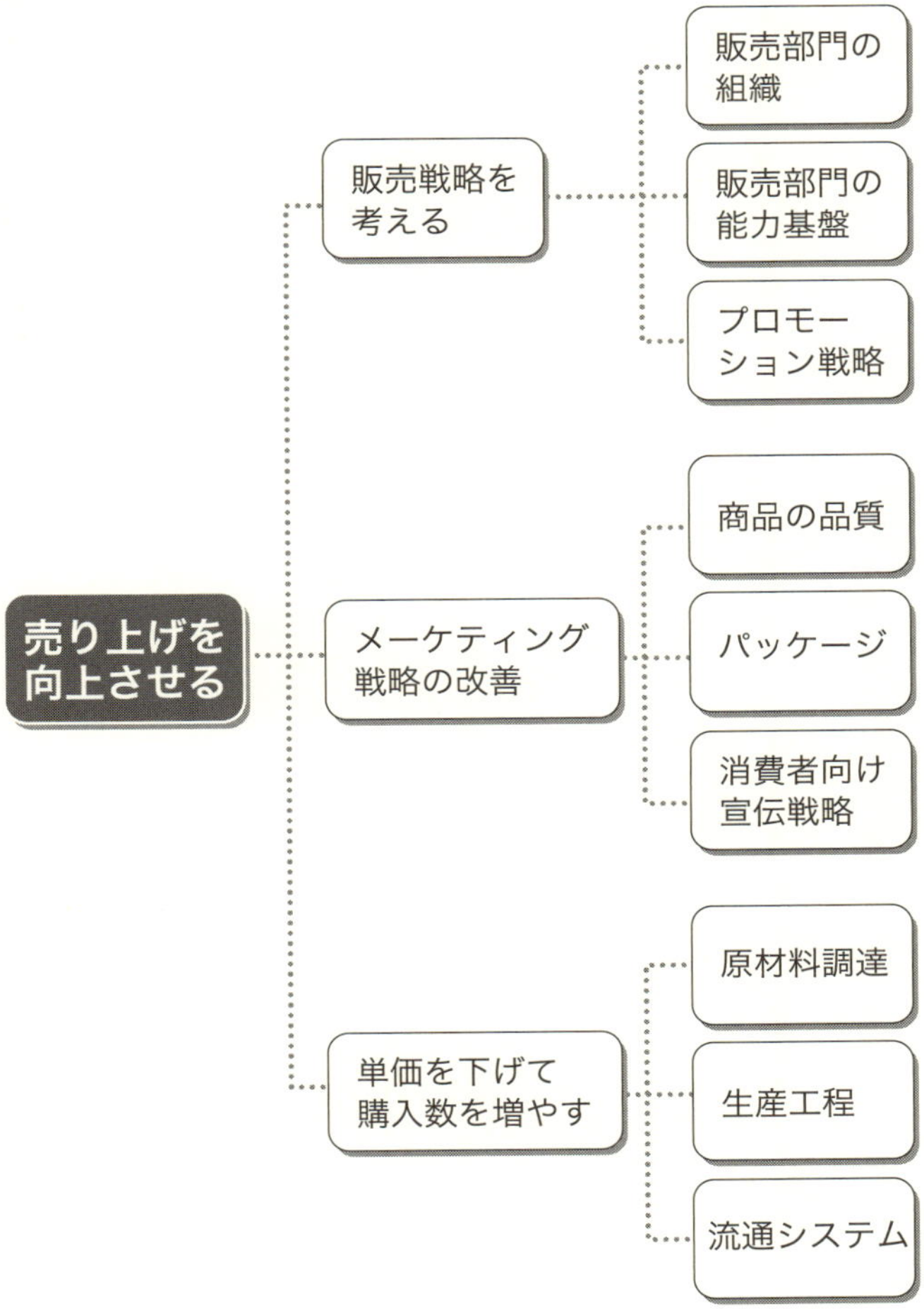
売り上げを向上させる
販売戦略を考える
販売部門の組織
販売部門の能力基盤
プロモーション戦略
メーケティング戦略の改善
商品の品質
パッケージ
消費者向け宣伝戦略
単価を下げて購入数を増やす
原材料調達
生産工程
流通システム

問題解決の道具 7

パレート図法

「80対20」で考えれば、本質が浮き彫りになる

段取りの道具箱の中で「仕事の20％の部分が、全体の80％の成果を生む」という原理を述べた。「全体の80％の内容は、上位20％によって占められる」という、パレートの法則である。

もともと19世紀末のイタリアの統計学者・パレートが発見し、このように呼ばれるようになったが、あらゆる現象にこの法則は当てはまる。

「国民総資産の80％は、20％の富裕層によって占められる」
「会社の売上の80％は、20％の商品によって占められる」
「会社の成果の80％は、20％のできる人が出している」

などといった具合だ。

そこで、この80対20を現状のデータと比較すると、問題が明らかになるケースがある。

左図を見ていただきたい。とある有力営業マンが、いよいよ伸び悩みになってしまった。そこで営業成績を、地区別に累積比率を出してグラフにする。すると左下のような問題が明らかになり、対策も出てくるのだ。このような図がパレート図法である。

パレート図法

Kくんのテリトリー別売上比較

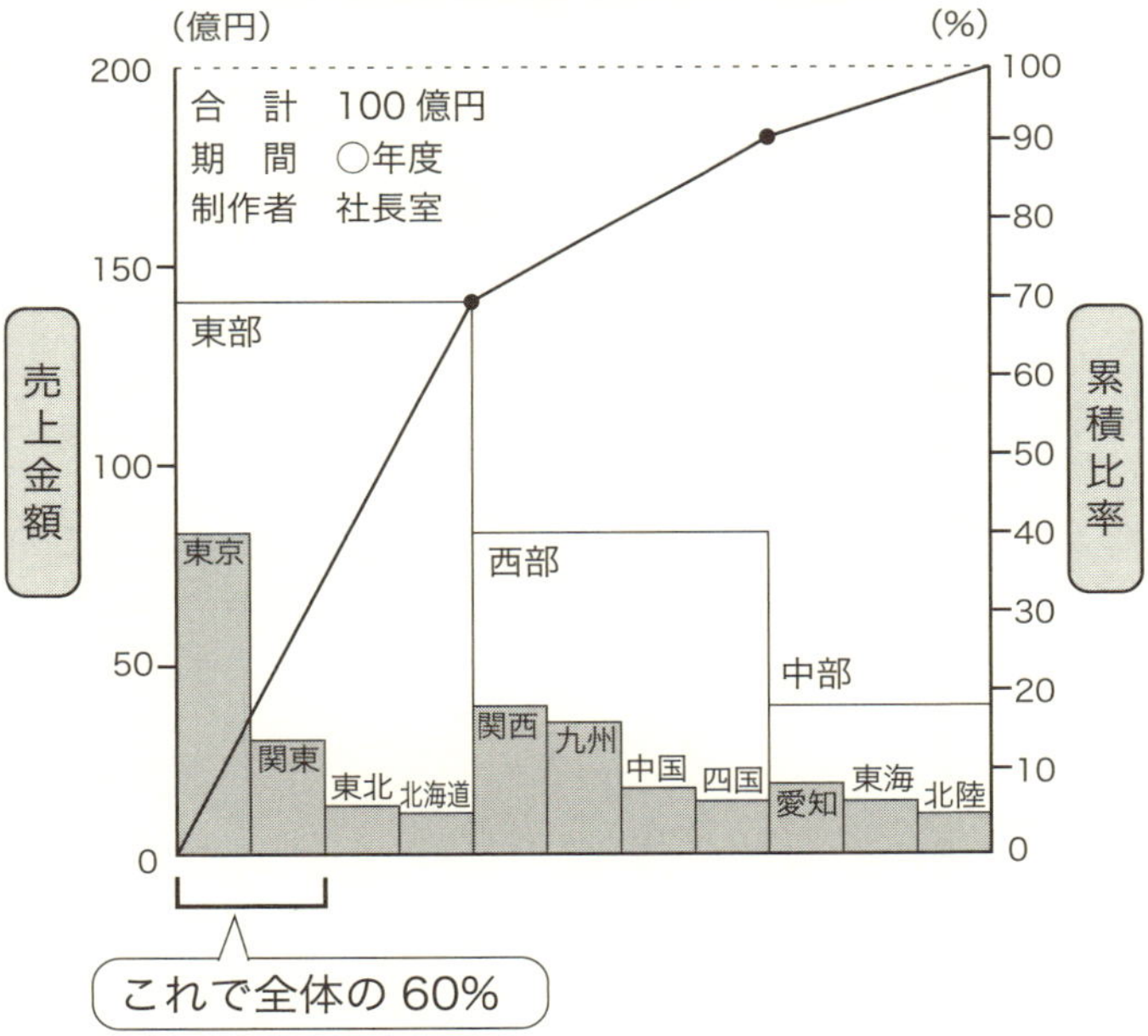

東京を含めた関東地区で全テリトリーのおよそ20%、現在これが全体の売上のほぼ60%になっている

↓

したがって地方に手を伸ばすより、関東地区で80%に届くぐらいの売上を獲得するべき

問題解決の道具
8

散布図法

とにかくグラフにすることで関連性を探る

「原因と想定されること」と「結果」を、とにかくグラフにして比較検討するのが、この「散布図法」である。全然、数値がバラバラでつかみどころがない、というならそれでもいい。この場合、「原因と想定したこと」は問題と何の関係もないということだ。逆に上昇線や下降線をきれいに描く場合は、そこに関連性が見い出せる。

この場合、重要なのは、通常なら関連性があるはずなのにバラついた結果が出るとか、関連性はあるけれど一つだけ数値が突出しているというケースである。それが「異常値」。そこに問題の核心が潜んでいることが多い。

たとえば、ある会社ではセールスマンの訪問数と売上数のデータをすべてグラフにした。ほとんどは訪問数に対して売上が上がっているのに、一人だけなぜかバラつく人がいた。要するに同じお得意先ばかり訪問していたわけだ。数値はごまかせない。

あるいは時間と売上数のデータをつかみ、関連性がわかってきたが、なぜか特定の時間だけ以上に売上が高い。調べてみたら、一人のアルバイト女性の勤務時間にピッタリ重なる。彼女がアイドルとして客を引いていたのだ。そんなことも、この方法からわかる。

散布図法

①

正相関関係がある

数値が増えるほど
結果数も増える

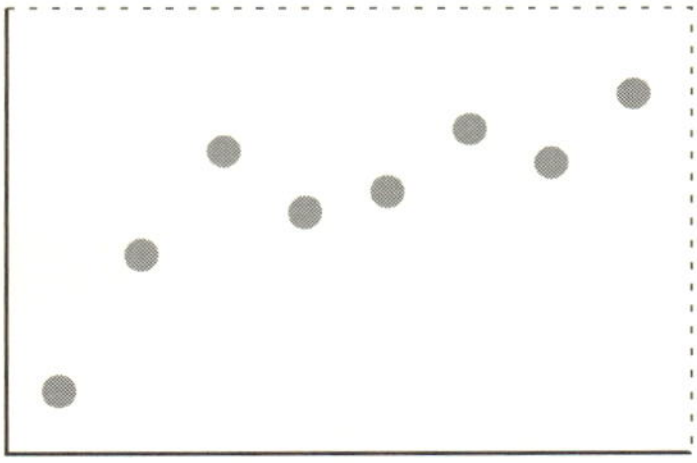

②

負相関関係がある

数値が増えるほど
結果数も減る

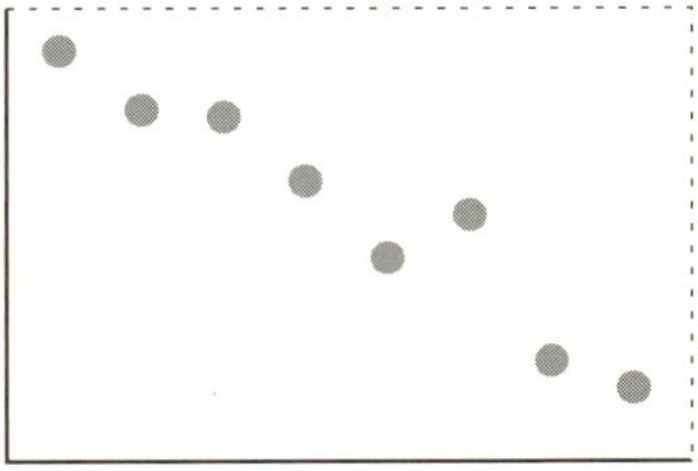

③

相関関係なし

数値は結果数に
影響しない

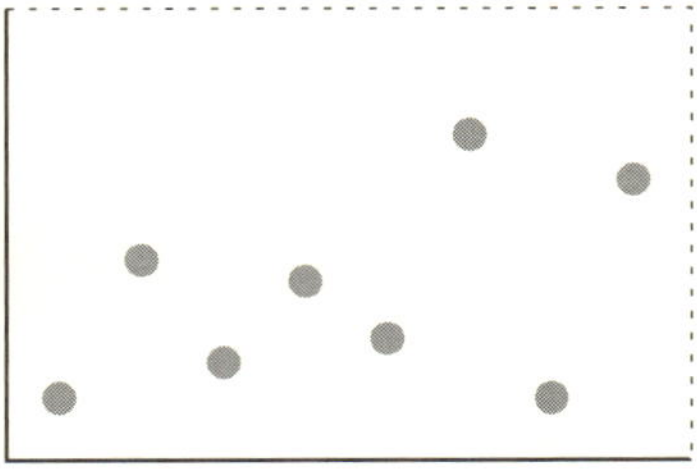

問題解決の道具 9

スパーク法

大手企業がこぞって実践するいい打開策を生むテクニック

「スパーク法」とは、創造システム研究所所長、さとう秀徳さんが考案したアイデア創出法である。その著書によると、NTTドコモ、日清製粉、新日本製鐵、NEC、三菱重工、コナミ、JR東日本……といった大手企業で1万人以上のビジネスパーソンを指導し、成果を出しているという。

この手順は、①テーマ設定、②視点の切り替え、③ヒントを得る。④アイデアを出す、という4段階で行なう。中でも重要なのは②の「視点の切り替え」である（三笠書房『画期的成果が上がった!』）。

さとうさんは前掲書で「五つの視点」というのを挙げているが、それが左図に示したもの。たとえば「相手発想」、マネジメントの問題なら「もし部下だったなら……」と立場を逆にして考えてみる。さらに「ヒト発想」、それを「お客さまが見たら……」などと考えてみる。こうした立場の切り替えで、「見えなかった問題」が見えてくることも多い。

これは「If（もし）」で問題を展開していく方法の応用版とも言える。「もし……だったら」というシミュレーションが核心を突くことも、ときにはあるのだ。

スパーク法

❶ テーマ設定	❷ 視点の切り替え
❸ ヒントを得る	❹ アイデアを出す

次世代発明を「5つの視点」で検証してみる

1 状況把握

? ヒント…… ケータイ電話で、充電した電気がすぐなくなってしまう

! アイデア… ほかのケータイと、電力をやりとりできるようにしたらどうか？

2 相手発想

? ヒント…… 女性と日本料理屋さんに行った。美味しかったけどカニを食べるのが面倒そうだったなぁ

! アイデア… 甲羅まで食べられるカニ、なんてできないかな？

3 ヒト変換

? ヒント…… 母親は機械がダメで、エアコンのリモコンすら使えない

! アイデア… ジェスチャーで操作できるリモコン装置をつくろう！

4 ケース変換

? ヒント…… 自動車のタイヤは、自動車にあるモーターで制御する

! アイデア… タイヤ自体にモーターを組み込んでしまったらどうだろう？

5 自由発想

? ヒント…… ドラえもんの「タケコプター」、あんなのがあったらなぁ

! アイデア… じゃあ本当に作っちゃえ！

➡ **これらの発明は、すべて実用化に向けて開発中！**

<「日経トレンディ」2004年5月号より>

問題解決の道具 10

ドーナツ・シンキング

「やりたくないこと」「そうなってほしくないこと」の中に核心がある

「マーケティングの神様」と呼ばれるカリスマ・コンサルタント・神田昌典さんは、ベストセラー『非常識な成功法則』（フォレスト出版）の中で、「やりたくないこと」をはっきりさせれば、自分が選択すべき道がわかるということを述べている。

どういうことか、左の図を見れば一目瞭然であろう。要するに、誰も「やりたいこと」を一生懸命に見つけようとすると迷路に陥ってしまう。それより「やりたくないこと」を列挙していって、それらを「やらなくて済む方法」を考えていったほうが近道であるというわけだ。

このような「問題を反対側」から見る発想は大切である。表から見えない問題なら、裏から見ればいい。「売れない理由」をなくせば、「売れる商品」になるということだ。

ドーナツにはもともと穴がなかった。だから、どうしても真ん中に火が通らないことがある。子どもたちはマズイからといって、真ん中をくり抜いてしまう。さあ、どうすれば美味しいドーナツができるか？　最初から真ん中がなければいいのである。問題の発見と解決とは、案外こういうものである。

ドーナツ・シンキング

やりたいこと

★作家になりたい★

- 自由だから → でも編集者に追われる
- 気楽 → 売れなきゃお金がない
- → そもそも文章力は？

やりたくないこと

- 朝早く起きるのがイヤ
- お客さんを接待するのがイヤ
- 上司にヘコヘコしたくない
- 外出ばかりでヤダ！
- 会社のしがらみがイヤ！
- 今の会社がイヤ！

↓

とりあえず今の会社を辞めて小さい会社で総務の仕事などをやってみては？ → **自分の希望が絞りやすい**

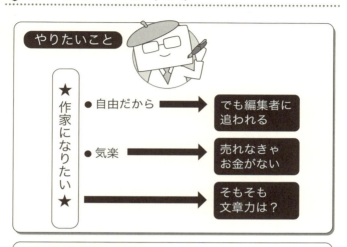

問題解決の道具 11

鈴木敏文流

「常識の壁」を取り外して考えてみる

多くの問題は、常識の枠をいったん取り外さないと、なかなか見つからない。従来のやり方や考え方が、いつのまにか組織や世間一般の人に踏襲され、それが当然であるかのように思い込まれている状態。これが常識の正体である。常識は動かすことができない、などと思ったら大間違いである。

この常識をことごとく破って相変わらずの勝ち組を維持しているのが、セブン&アイ・ホールディングス会長の鈴木敏文さんである。彼にちなんで常識破りツール・イコール「鈴木敏文流」と勝手に命名させてもらった。コンビニ業界で一人勝ちだ。ドーナツ業界、コーヒー業界、ハンバーガー業界にも殴り込んでいる。

たとえば、冷やし中華。あなたは一体、いつが一番売れる時期と思うだろうか?

多くの人は8月と答えるだろうが、正解は6月下旬から7月上旬である。暑くなり、夏の食べ物が恋しくなる頃に売れ始め、逆に8月ではもう飽きられてしまう。

鈴木さんはいち早くこれに気づき、先駆けて中華料理の新商品をぶつけてしまう。データを見れば、実は誰もがわかること。でも、頭が凝り固まっていて気づけないのである。

セブン - イレブンの常識破り発想

【常識】深夜や早朝にお客など来るわけがない

➡ **24時間営業でぶち壊す**

【常識】冬は冬物のビールが定番

➡ **冬でも暑い日にスーパードライで成功**

【常識】冷やし中華は夏に売れる

➡ **6月に冷やし中華を先駆けて売る**

【常識】コンビニに誰がお金を下ろしにくるの？

➡ **ATMは今や定番**

【常識】安い物がやっぱり売れる

➡ **高級弁当や高級おにぎりで成功**

問題解決の道具
12

ゼロベース思考

"無"から考えれば壁を突破できる!

最後に、松下幸之助さんの問題解決法をご紹介しておこう。高度経済成長期のまっただ中だった1961年、松下通信工業（当時）は、トヨタ自動車からカーラジオの大幅な値引きを要求された。自動車業界に吹き荒れた「貿易自由化」に対応するためだ。だが、利益率が5パーセントのところ30パーセントもの値引き要求。逆ざやだ。売れば売るほど損をしてしまう。

このとき、幸之助さんは「無理」とは言わなかったのだ。「5パーセントより30パーセントのコストダウンのほうが意外とできるもんやで」。事実、半年後に30パーセント引き下げて、利益率10パーセントを確保できる製品をつくり上げてしまうのだ。

同じくトヨタからの「自動車時計を7割値引きしてほしい」というとんでもない要求に対して、幸之助さんはなんと言ったか？「絶対、不可能」という技術陣に対して、「1000円のもんを300円にしようと考えたらあかん。そもそも300円でつくるにはどうするかを考えてや」。

これが「ゼロベース思考」である。性能は下げたり規格は変えてはいけないが、ほかは自由。いまの製品にとらわれず、こだわらず、0からの発想で取り組んでみる。そこに壁を打ち破るヒントがある。

ゼロベース思考

問題「商品を７割引きにする」
通常の思考
1000円のものを300円にするなんて「デキナイ」「無理だ」
これまでの習慣
過去の経験
業界の常識
前例がないな
ゼロベース思考
そもそも300円でつくるにはどうすればいいかな？

6 章

ベストな選択ができる

決断の道具箱

決断の道具 1

三つのシナリオ

いずれにしろトクをする、有利な状況を作っておく

前章では問題の発見と解決法にいたるまでの、さまざまな「道具」を説明した。しかし、ビジネスの答は決して一つということはない。また、どんな選択をしても結果が一つというほど単純ではないのが普通である。

そこでお勧めしておきたいには、つねに「三つのシナリオ」を頭の中に描いておくということだ。以下の三つである。

①「最悪」のシナリオ
②「最善」のシナリオ
③「最も確率の高い」シナリオ

このうち、まず必要になるのが③「最も確率の高いシナリオ」だ。これを実行するときにきちんと把握しておかないと、正しい決断とはいえないだろう。

次に頭に入れておくべきは、①「最悪のシナリオ」である。つまりリスクということ。このリスクがきちんとフォローできてこそ、実行が可能になるということを忘れてはならない。最後に②、これはあくまで皮算用。決断理由にしてはならない。

独立したらどうなるのか？

『最悪』のシナリオ

✕

今のサイドビジネスの儲けだけ、年収はずっと落ちる

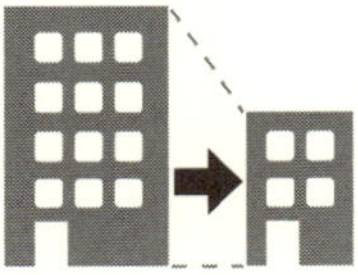

『最善』のシナリオ

◎

いままでの会社時間に営業した分、大きな顧客をゲットして年収１億円も可能！

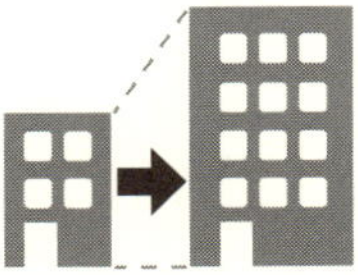

『最も確率の高い』のシナリオ

○

営業時間が増え、その分が上乗せされる。ざっと従来の２倍くらいの年収か

×2

結論

年収を増やすには独立するのがベター。
最悪でも生活維持ぐらいはできる。
夢も出てくるし挑戦してみよう！

決断の道具 2

ダイアディック・マインドマップ

「イエス」「ノー」で心の地図を作る

「アイデアの道具箱」でトニー・ブザンの「マインドマップ」について説明した。「ダイアディック・マインドマップ」とは、これを「イエス・ノー」の選択に応用したものである。

方法は図の通り。まず中央にテーマを書き、右はイエス、左はノーというふうに決める。そしてイエスの方向で考えられることを枝にして伸ばす。逆にノーの方向でも枝を伸ばしてみる。あとは「マインドマップ」と同じだ。どんどん、イエス・ノーそれぞれ派生的に考えられることを思いつくまま枝にしていく。イメージが強烈なものは、絵にまでしてみるといい。それが自分の感情を反映しているのだ。

こうしてイエスのほうにばかり枝がどんどん伸び、ノーの方向が寂しい感じだったらしめたもの。迷わず決断すればいい。

なお、これでもわかりにくければ枝の最終部分について、前項のようなBEPを試みる。すなわち点数をつけていき、秤にかけるのである。イメージができているから、これは点数もつけやすいし、あらゆる可能性が検討できる。やはり図にして考えたほうが、脳は効果的に作用するのである。

転職すべきか、しないべきかのマインドマップ

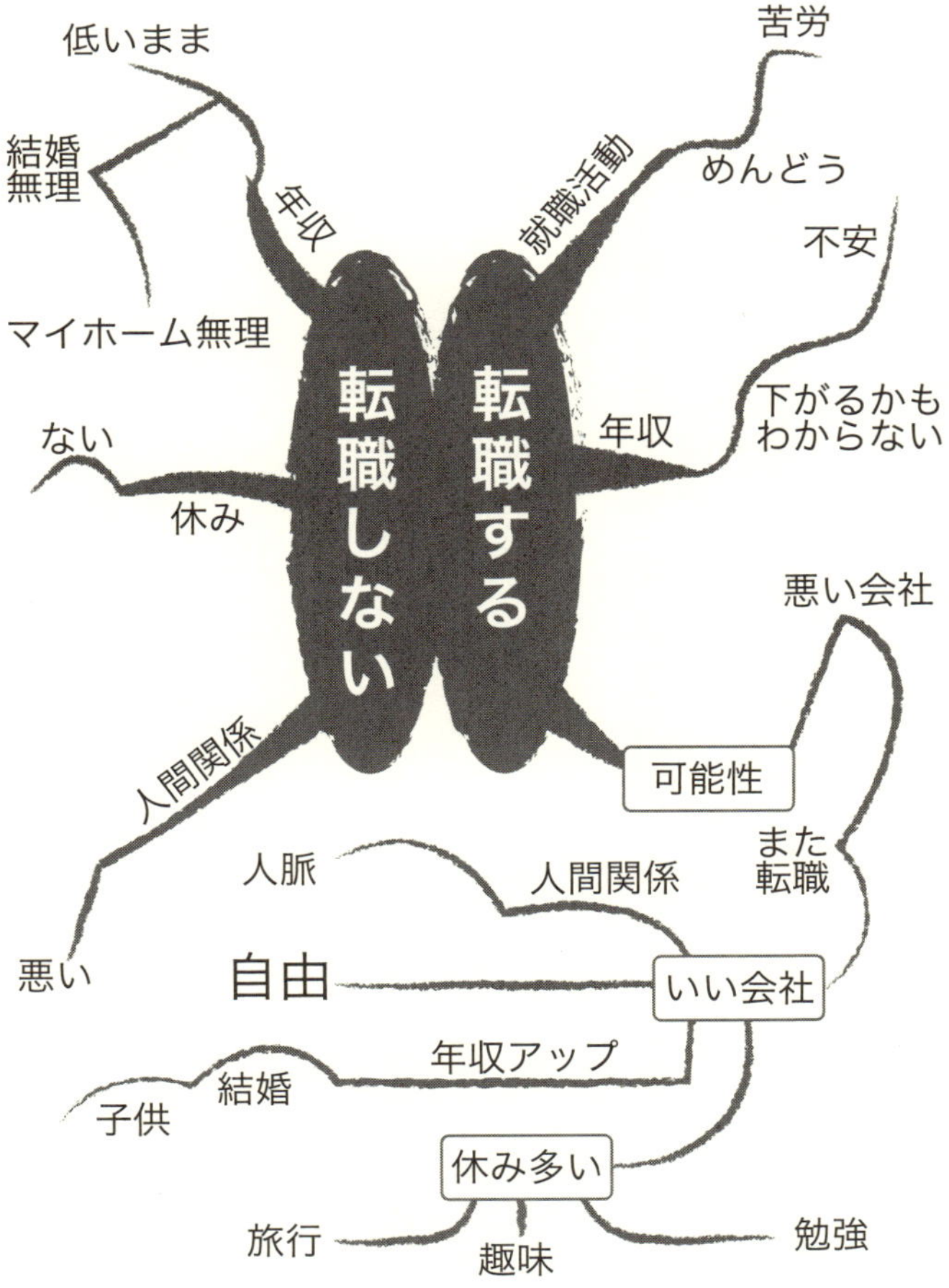

決断の道具 3

ゴール

とにかく最終結果を頭に描いて決断すること！

決断するときに大事なことは、「ゴールが頭に描けているか」ということである。これはタイムマネジメントや仕事の段取りでも同じだった。頭に、これから先のシナリオがない限り、どんな決断も意味がない。考えてみれば当然である。

企業戦略では「ゴール」のことを「ヴィジョン」と呼ぶ。これが大義名分で曖昧だと、社員がついてこない。あのカルロス・ゴーンさんが日産に着任したとき、何と言ったか。

「ケーレツを破壊して協力企業の数を半減することによって、コストを20％削減する。工場閉鎖により、操業率を53％から82％に上げる」

これほど具体的だから、あらゆる決断がハッキリするのだ。

個人の選択でも、ゴールが描けていれば強い。たとえば、宮部みゆきさんという人がいる。いわずとしれた国民的作家である。彼女はどんなに忙しくても、さらに賞をとってさえも、ＯＬをしながら小説の学校にまで通っていた。

「10年やるまでは、プロの小説家とはいえない」

だから10年は修業と考えて積み上げた。そして今の姿があるのである。

ゴールを描いて、つねに決断

決断の道具 4

データ診断

「数値」と「感覚」を上手に使いこなす法

最終的な決断を下すときに、「データを読む技術」が必要なのはおわかりだろう。ただ、ここで注意してもらいたいのは、データには「定量データ」と「定性データ」があるということである。

定量データとは、実績や統計など数値で示されるデータだ。たとえば主観的な影響が強く出る場面では、定量データによる診断は欠かせない。たとえば、出版の世界ではどうしても中身に編集者の主観が入ってしまう。そこで、読者アンケートを取り、完全に人気ランキング制にしたのが『少年ジャンプ』だった。おかげでピーク時は６００万部である。

外資系企業を渡り歩く私の知人は、転職条件も左図のような定量データにしている。将来を見据えて客観的に判断するための工夫というわけだ。

しかし、忘れてはならないのは感想や意見、印象などの「定性データ」である。たとえば『少年ジャンプ』では、すべてのマンガが似たようなものになってしまう、という弊害が出た。知人の転職にしても、自分の心情を無視して、はたして幸せな会社勤めができるのか……。前に紹介した「鈴木敏文流」を思い出してほしい、人間心理の中に答があることは多いのだ。

定量データで転職の診断をする

項目	A社	B社	C社	D社	E社
仕事の内容 使命	10	8	5	10	9
義務	10	7	6	10	9
地位	10	7	7	8	9
収入	10	6	6	8	9
ストック関係 オプション	3	2	5	2	5
グラント	5	3	5	5	5
相性 CEO	10	5	3	8	5
COO	5	5	3	5	5
仕事の環境 秘書	7	8	10	7	8
社用車	5	8	10	7	8
バカンス	5	5	7	2	2
社宅	10	5	10	10	6
合計	90点満点	69	77	82	80

決断の道具 5

ゲーム理論

「これからどうするか」がわかる数学的アプローチ

「ゲーム理論」について、この1ページで説明しようとすると非常に大変なことになる。単純に言えば、問題となる事項について相手の取りうる選択を考慮し、その組み合わせから自分が取るべき最善の選択を決定する理論、とでも言えばいいだろうか。

たとえば有名な話がある。あなたと相棒が強盗の容疑で捕まったとする。確たる証拠はない。そこで検事から条件を受ける。

①二人とも黙秘すれば、懲役一年ずつ
②二人とも自白すれば、懲役二年ずつ
③一人が自白し一人が黙秘すれば、自白したものは無罪、黙っていたほうが3年の実刑をくらう。

さあどうするか？　相棒は裏切れない、なんてのは無し。別の仲間が助けにくることもない。看守への賄賂も無しだ。

これが「囚人のジレンマ」と呼ばれる問題。最善の策は「自白」となる。その理由は左ページに説明した。あらゆる可能性を考慮し、確率的に最もリスクの少ない策を選ぶというのがゲーム理論の使い方である。得より損の度合いがここで重要になる。

囚人のジレンマ

相棒＼あなた	黙　秘	自　白
黙　秘	あなた：1年 相　棒：1年	あなた：3年 相　棒：0年
自　白	あなた：0年 相　棒：3年	あなた：2年 相　棒：2年

相棒が 黙秘 した場合
……1年か0年で「自白」がトク

相棒が 自白 した場合
……3年か2年で「自白」がトク

いずれにしろ「自白」もほうが、
つねに「黙秘」より有利になる

決断の道具 6

プロダクト・ポートフォリオ・マネジメント（PPM）

●あのGEを再建させた「これからの方向を決定する」手法

プロダクト・ポートフォリオ・マネジメント（PPM）とは、GEの事業再編のときボストン・コンサルティング・グループとマッキンゼーが意思決定の手法として導入し、成功させたものだ。方法はいたって簡単。外部変数（市場や産業の成長性、魅力度）と内部変数（自社の優位性、競争力・潜在力）の二つの視点から、製品や事業ごとに収益性、成長性、キャッシュフローなどを評価し、左の図のように四つに分割するものだ。外部変数を客観的評価、内部変数を主観的評価と置き換えてもいいだろう。

現状で中心となるビジネスは「金のなる木」、つまり「キャッシュカウ・ビジネス」となる。ただし、将来的な成長は期待できない。そこで「キャッシュカウ・ビジネス」から得た収益を今のところ内部的には強くない分野、問題児の「ワイルドキャット・ビジネス」に当てて、これを「スター」にまで押し上げるというのがセオリーである。

これは、さまざまな形で応用できるだろう。「当面の課題」→「それによって解決されるべき本当の課題」→「スターへ」という具合で、自分の取るべき道が見えてくる。

PPM

大
客観的な成長度
小
問題児
「ワイルドキャット・ビジネス」
魅力が低い
スター
「明日の担い手」
魅力度が高く、
成長ども高い
小
大
魅力度
負け犬
「ドッグ・ビジネス」
（過去の栄光）
終　了
金のなる木
「キャッシュカウ・ビジネス」
（今日の担い手）
全体の中で多くの
部分を占める

決断の道具
7

アウトサイド・オプション

迷いがなくなる究極の考え方とは

迷ったときの究極の方法がある。それは「いちばん重要なことはなにか？」で判断することだ。優先順位1位のみで決めてしまう。ほかはすべて犠牲にする、という思考法である。

2位以下のことを考え出したらきりがない。だから無視して、いちばん重要なことだけにフォーカスするのだ。すると、モヤッとしていた霧がウソのように晴れて迷いも吹っ飛んでしまう。この思考法を「アウトサイド・オプション」という。

どんなときに有効か？　時間がないときだ。あれもこれも欲しい。だが、1つしか選べない。時間があれば、ほかの人に相談するなり、メリット、デメリットを天秤にかけるのだが、その余裕もない。ならば、優先順位筆頭＝一番気にかかることだけを取り出して決めてしまうのだ。

だれにだって、これだけは譲れないというものがある。ビジネスでも、提携したところでA社からB社へ売上、利益がもたらされるわけではない。だが、A社と先に提携することで、B社はライバルC社がA社と提携して自社の存在を脅かす危機を前もって防いだとすれば御の字である。「損さえしなければ、A社との提携交渉をどんどん進めてくれていい」という裏にはこのアウトサイド・オプション思考法があるのだ。

やるべきことは、たった1つ！

A
B
C
D
あれもこれも全部やろうとしない

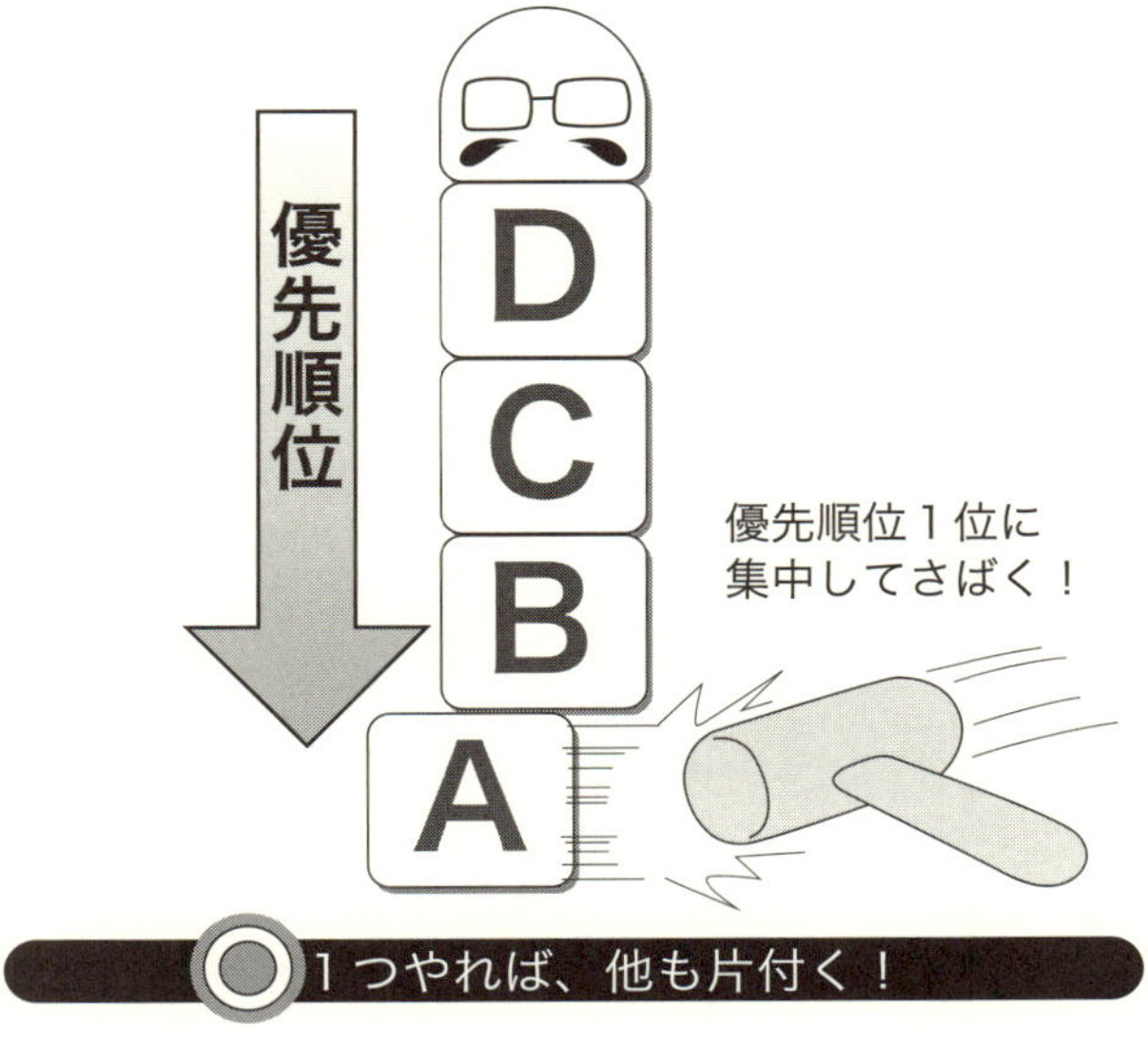
優先順位
D
C
B
A
優先順位１位に
集中してさばく！
1つやれば、他も片付く！

7 章

わかりやすく説明・説得する人の
伝える道具箱

伝える道具 1

3ポイント話法

「3」の数字効果を使いこなそう

「3ポイント話法」とは、これまでも私が多くの本で紹介してきた、実にビジネスシーンでお勧めの話し方である。その理由は三つある。

まず、非常にわかりやすく相手に伝わる。

次に、話が論理的で、説得力がある印象を相手に与える。「頭がいい」と思われる。

最後に簡単で、誰にでもできる、という理由だ。

では、その話法はどういうものかというと、今やったのがそれである。「三つあります」と言って、その三つを挙げる。これだけのことだが、読んであなたも納得しただろう。文章でもそうだが、これはプレゼンでも効果的だ。

これは簡単だが、実は奥も深い。たとえば、前の文章の「次に……」の部分を、よくご覧いただきたい。ここにも、「論理的」「説得力がある」「頭がいいと思われる」と、三つ入っているのである。つまり細かく言うと、本当は5ポイント。でも、伝えるときは「3ポイント」にするのだ。まとまらなかったら、小さな理由などカットしてもいい。伝えたところで意味がないからだ。

相手に伝わること、コミュニケーションは、これが最も重要なのである。

3ポイント話法

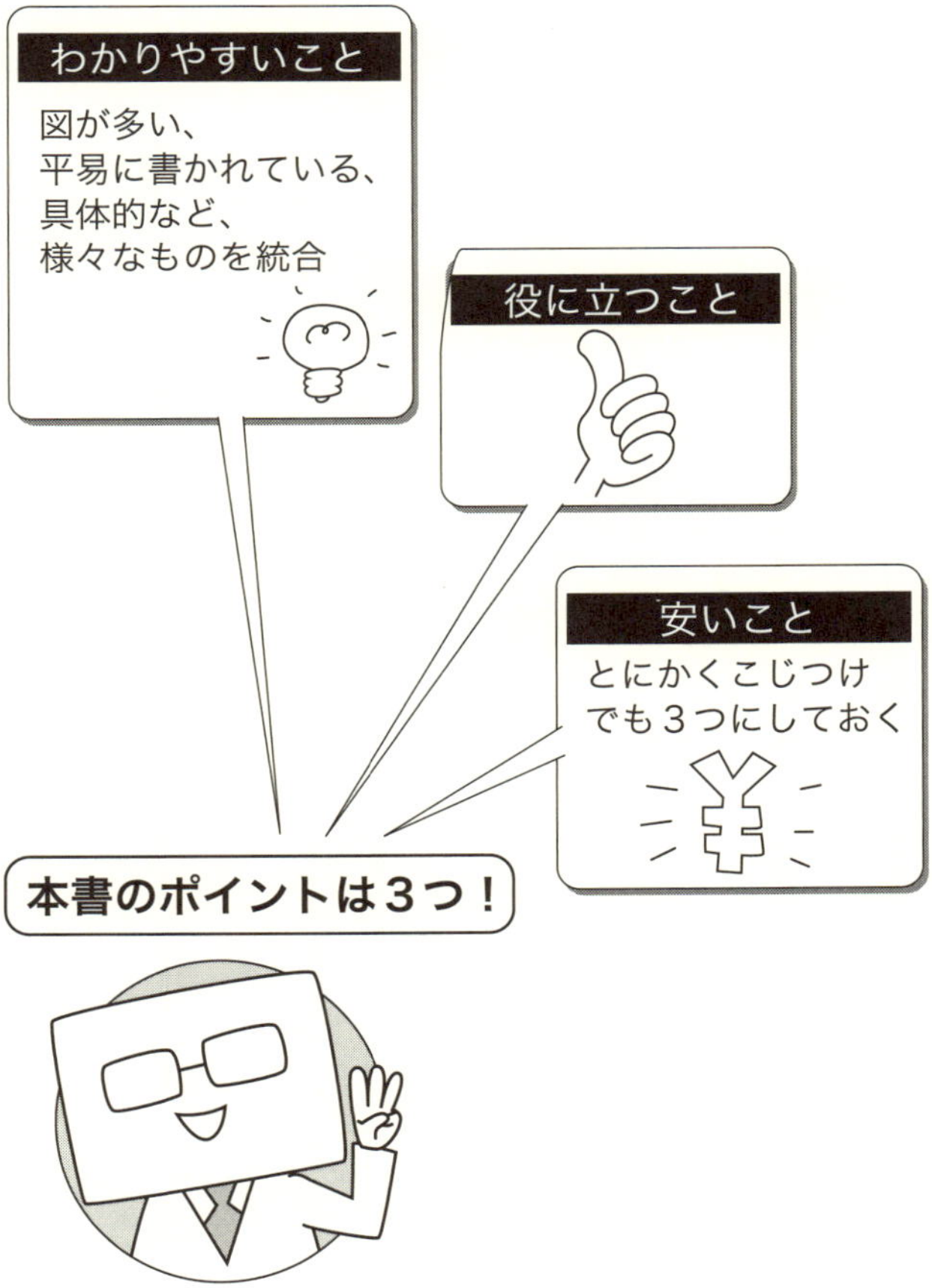
わかりやすいこと
図が多い、
平易に書かれている、
具体的など、
様々なものを統合
役に立つこと
安いこと
とにかくこじつけ
でも3つにしておく
本書のポイントは3つ！

伝える道具 2

イエス・バット話法

相手が受け入れざるを得ない言い回しを使いこなす

「マジック・フレーズ」という言葉を聞いたことがあるだろうか。「相手の懐に飛び込んで主導権を握ってしまう言葉」というのが、その定義である。

「すみませんが」「恐れ入りますが」「申し訳ありませんが」「お手数をおかけしますが」「ご迷惑をおかけしますが」などなど。冒頭にこれらの言葉をつけることによって、言い回しが相手を尊重した形になる。すなわち相手は断りにくくなるのである。

「お忙しいところ大変申し訳ないのですが、この原稿は月末までに仕上げてくださいますでしょうか?」。編集者にこう言われたら、私も「努力します」と言わざるを得ない。

最後が疑問形になっているのも、ポイントである。つまり、相手に「イエス・ノー」の決定権を与えているわけだ。これで命令されるという印象もなくなる。これはビジネス会話の鉄則として使えるもの。

「イエス・バット話法」とは同様のもので、「たしかにそうですね(イエス)。しかし(バット)……」など、相手の意見を肯定したあとに、自分の意見を伝えるテクニックだ。相手の意見を否定しているのに、肯定した印象を与える、というマジックフレーズである。

イエス・バット話法

次回の研修は、午前中から行なうのがよいと思います
そうか、それいいね。でも、それだと長時間になり過ぎて集中力に欠ける場合もあるから、今までどおり午後だけでいいんじゃないかな？
ああ、そうですね。午前中からだと、疲れる可能性がありますね。
部長

伝える道具 3

ロジカル・トーキング

誰でもここに注意すれば「論理的説得」ができる!

論理力の基本は、次の二つである。

①So What? ……だから、何か(仮説を立てること)

②Why So? ……なぜ、そうなのか(その検証、理由を挙げること)

両者は「仮説と検証」という関係になり、この関係が、きちんと成立している文章を「論理的」というわけである。

論理的であればどうなるか、要するに〝矛盾がなくなる〟のである。そうなれば当然、その言葉には説得力が付与されるというわけだ。こうなると相手も反論のしようがなく、「頭がいいやつだなぁ」と思われる。強烈な自己アピールにもなる。

そんな「ロジカル・トーキング」であるが、実は難しく考える必要などまったくない。カギは「なぜかというと……」の言葉。これをくり返すだけで、論理的な会話になるのである。

左のスピーチは、ある結婚式の披露宴で花嫁の上司がスピーチした言葉である。

何気ない言葉だが、優しい→周囲の人に配慮してくれるから→その理由は皆が真夜中に働いて疲れているときに……論理的である。だから説得力があるというわけだ。

こんなロジカル・トーキングなら……

伝える道具
4

フット・イン・ザ・ドア

まずは小さく相手を動かして、懐に入り込む

セールスマンが訪問してくる。ドアが開くと同時に、すばやく片足を突っ込む。これでもう奥さんも話を聞くしかない。「フット・イン・ザ・ドア」とは、こんなテクニックから命名された。まず誰でも受け入れられるような簡単な要求を相手に受け入れさせ、その後、本来の依頼を相手にしていく。

これは「一度、相手の要望を飲むと、二度目からの要望も受け入れられやすくなる」という心理法則を応用したもの。たとえば、街角でのアンケート調査などは、このテクニックを応用しているものだ。

「足を突っ込む」というと聞こえは悪いが、実はこのテクニックはごく普通に使われてもいる。たとえば女性を口説くとき、いきなり「結婚して」という人はめったにいない。まず、「お茶でもどう?」から映画館に誘ったり、飲みに誘ったりと、徐々に、依頼の大きさを高めていく。一度断られても、軌道修正しやすい。相手を根気よく動かす常套手段でもあるのだ。

あくまで根気よくというのが肝心。簡単には人の心を動かせない、それがわかった上での方法なのだ。

フット・イン・ザ・ドア返し

ちょっと1、2分、いいですか?
あれ?おかしいなぁ
は、はい……
その前に話を聞いてくれる?
実はどうしても欲しいモノがあるんですけど…

伝える道具 5

ドア・イン・ザ・フェイス

相手の「引け目」を利用する心理的作戦

前項の「フット・イン・ザ・ドア」と対極的にある方法だから「ドア・イン・ザ・フェイス」と呼ばれる技法。やはり人間心理を巧みに利用したものだ。

この場合は、まず断られてしまう。とても受け入れがたいような依頼を、相手に先にしてしまうわけだ。そして、断られた後で、「それなら……」と本来の要求を持ってくる。こちらは十分、妥当性のある要求だ。

前の要求を断った引け目もあるので、相手も仕方なく受け入れてしまう。図ではボランティアの資金集めという例を紹介したが、実に抜け目のない方法といえるわけだ。

ビジネスシーンで「ドア・イン・ザ・フェイス」がよく使われるのは、交渉の場面である。よく欧米のビジネスマンは、無理難題や法外な価格を吹っかけてくることがある。「ムリムリ！」と言って、次の妥協案を受け入れてしまうと相手の思うツボ。これが向こうの本来の希望、まんまと心理的作戦にひっかかってしまうことになる。

通常の交渉では値切って値切って、両者が妥協できるところに落ち着くということになる。交渉で重要なのは、本当は両者に利益が出る状態、「ウィン・ウィン」なのである。

ドア・イン・ザ・フェイスでお金を集める

伝える道具 6

誘導尋問

相手に答を見つけさせ、解決させる話術

「刑事コロンボ」と言っても、「知らない」という若い人も多いようである。これも時代というものか。

コロンボがわからなければ、その日本版のような古畑任三郎でもいい。その武器は何といっても「質問」である。コロンボの質問によって、犯人はどんどん追い込まれていく。極端な話、こんなものだ。

「浮気したことがありますか?」

「とんでもない! 私はそんな人間じゃありません」

「じゃあ、見つかったことは?」

「幸いなことに、一度もありません」

このような質問を誘導質問といい、ビジネスでは部下やクライアントに答を自分で見つけさせ、解決させる方法として用いられる。

とくにこれができる上司というのは、やはりデキる人間である。「部下に自ら解決させる」、これは高度なマネジメントなのだ。

デキる経営者の誘導尋問

会長「何でもＭ社の事故は整備ミスでなく、実車実験をしてなかったことが原因だそうだな。Ｍ社では問題部署の調査をしているらしいが、本当はどうなんだろうな？」

役員「さあ、どうでしょう。よその会社のことなので何とも言えませんが……」

会長「もし、わが社で同じ事故が起こったらどうする？」

役員「さあ、難しいですね。仮定の質問は勘弁してください」

会長「仮定だから聞けるんだろ。確定したときでは遅いんだよ！」

役員「……」

会長「どうだ、と質問しているんだ？」

役員「現場に確認して、実車実験を徹底します」

会長「頼んだぞ」

伝える道具 7

たとえ話

「比喩」や「具体化」効果で、何倍にも伝わりやすくなる

解剖学者の養老孟司先生は、出す本、出す本ベストセラーになっている。いったい何が養老先生の魅力なのかといえば、とにかく話が具体的である。難しい脳の話でも、非常によくわかる。「たとえ」が明快なのである。

たとえば、「教育問題はヒゲボソゾウムシと同じ」という話をしている(PHP研究所『養老孟司の〈逆さメガネ〉』)。

興味を持って調べている養老先生は別だが、一般の人にヒゲボソゾウムシという生き物がいると言っても、5分後には忘れてしまう。当たり前だ、生きる上で何の関連性もない。つまり「見えない」のである。

教育問題も同じ、というのは、大多数の教育問題を議論する学者や有識者、あるいは大人たちにとって、実は教育問題は「かかわりがない」から「見えない」というのである。

このように「比喩」や「具体化」という効果を使えば、何倍も効果的に自分の話を相手に伝えることができる。次に紹介したのは、単なるデータでなく「比較」することによって具体的に説明する例である。いろいろアレンジして、ぜひ使いこなしてほしい。

具体化すると伝わりやすくなる

伝える道具 8

(^^)

「笑顔」は話力の最強ツール!

いきなりのフェイスマークで、「何それ?」と思った読者も多いかも知れない。いたって大真面目な話である。ここにコミュニケーションの重要ポイントがあるのだ。

表情が見えないと人は不安になる。とくにメールのようなデジタルコミュニケーションは、冷たい印象を相手に与えやすい。だから誤解を与えないように工夫した結果、このような記号が広く使われることになる。もちろんビジネスの場では使いにくいが……。

では対面する場合はどうか。アメリカの心理学者メラビアンによれば、人の第一印象の55%は、表情と態度で決まるという。初対面の表情といえば、もちろん(^^)、つまり笑顔である。ところが、これができるようでできていない。

たとえば、栃木県の「東急ハーヴェストクラブ鬼怒川」。ここは従来のマニュアルを破棄し、新接客で見事にV字回復したホテルだが、まず従業員に自分たちの仕事風景をビデオで見てもらった。結果、笑っているつもりで皆、笑っていないのである。

では、どうすればいい笑顔ができるのか。簡単なことだ。自分が心から楽しめばいいのである。これは仕事の基本、忘れないでほしいと思う。

笑顔の効果

作りものの笑顔

本物の笑顔

8章

営業力を何倍にも強化する

売れる道具箱

売れる道具1

提案営業

「顧客に対してできること」を顧客の立場で考える

「提案営業」という言葉がある。お客の情報を分析し、どうすれば売れるか、売る側から企画提案することによってともに売上を上げていこうというのが、この手法である。この道のエキスパート、持田輝靖さんは、その手順を図のように説明している。

売れないこの時代、お客さんに提案できる営業マンが求められることは確かである。だが、なかなかこれができる人は少ない。そもそも営業の仕事には、①インフォメーション……お客に情報を与える、情報をもらうといったやりとり、②コミュニケーション……お客と一緒に考える、があるが、80～90％の時間は①に取られる。これでは「ご用聞き営業」である。

現在、デザートカンパニーという、デザート作りの会社で大成功している内海悟さんは、コンサルタント時代、山形県の車体メーカーから売上アップの相談を受けた。マーケティングの方法はいろいろあるだろうが、何しろ職人集団の彼らは、車作りしかできない。

そこで釣り雑誌に「バス・フィッシング用に夢のバス・カーを作る」という企画を持ち込む。これなら新規顧客を全国に求められるし、会社は思う存分作るだけ。顧客の身になって考え尽くす、提案力を駆使するにはこれしかないのだ。

提案型の営業

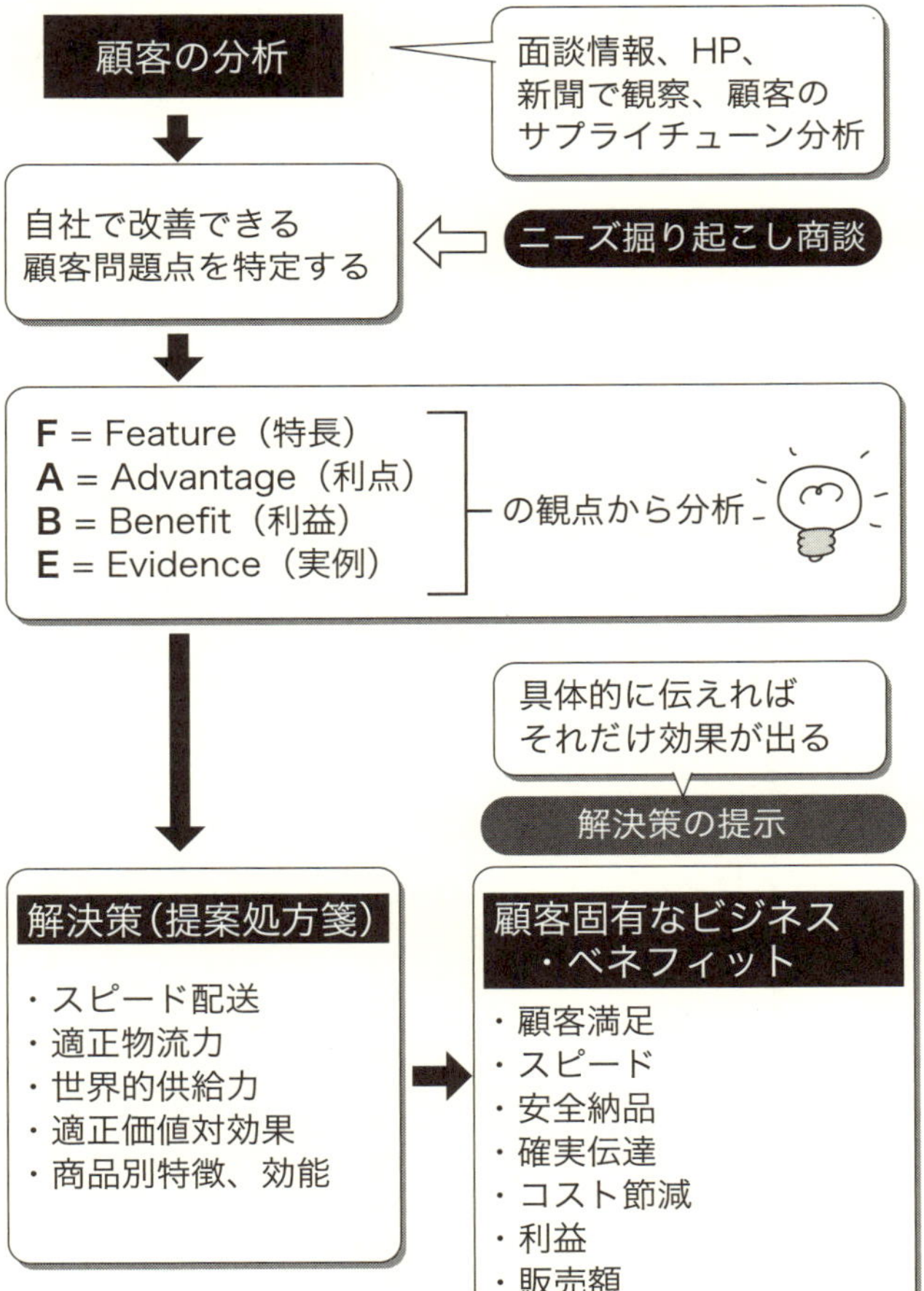
顧客の分析
面談情報、HP、
新聞で観察、顧客の
サプライチェーン分析
自社で改善できる
顧客問題点を特定する
ニーズ掘り起こし商談
F = Feature（特長）
A = Advantage（利点）
B = Benefit（利益）
E = Evidence（実例）
の観点から分析
具体的に伝えれば
それだけ効果が出る
解決策の提示
解決策（提案処方箋）
・スピード配送
・適正物流力
・世界的供給力
・適正価値対効果
・商品別特徴、効能
顧客固有なビジネス
・ベネフィット
・顧客満足
・スピード
・安全納品
・確実伝達
・コスト節減
・利益
・販売額
・販売量

売れる道具 2

ナレッジ・マネジメント

リアルタイムで情報を使いこなす電撃セールス術

「ナレッジ・マネジメント」を訳すと「知識管理」。社員一人ひとりが個別に持つ知識や情報を発掘、整理し、全社的に共有し再利用する、というものだ。主に経営手法として用いられるが、実は営業ツールとしても使える。

現実にこれをやっている会社がある。マイナスイオンが発生する健康布団を訪問販売で売っている会社である。高額商品だから、おいそれと売れない。

そこでブロックごとにリーダーを決め、一定時間ごとに集まって状況報告をする。

「こんなやり方でドアを開けてもらったぞ」

「こんなトークが受けました」

「アンケートは、この項目から聞けばスムーズに答えてもらえますよ」

こうして解散。後は、それぞれがうまくいった方法を実践する。これが「ナレッジ・マネジメント」である。実際に報告をするたびに実績が上がる。天候や季節的な変化など、ちょっとした要素にも対応できる。これでこの会社は、圧倒的な売上を上げているということである。

ナレッジ・マネジメント

売れる道具 3

プレゼン力

お客にわかってもらえなければ、話にならない

雑誌『プレジデント』で、「好かれる営業マン」と「嫌われる営業マン」についてアンケートが行なわれたことがある。その結果、「好かれる営業マン」第1位は「商品知識が豊富」というもの。そしてワースト1はその逆、「商品知識がない営業マン」だ。

自分が売っている商品について何も知らない、そんなものは言語道断であるが、難しいのは、わかっていても伝えられないケースである。お客に伝わらない限り、いくら内心の熱意があっても、お客にとっての情報にはならない。

たとえば先日、沖縄料理のお店にランチに入った。店員が来て、今日のお勧めはフーチャンプルだという。私はこの料理を知らなかった。それで定番のランチを頼んだのだが、隣の客がこれを注文していた。

「失敗した……」。そう思った。それは麩《ふ》を使った沖縄料理で、美味しそうなのである。すると「今日のお勧めはフーチャンプルといって、これこれこういう料理です」とひと言添えてくれればいいのにと思う。こうして私の中で店の評価が落ちる。一人、二人とそんな不満客が増えたらどうなるか、考えてほしい。

わかりやすく伝える術

論理的に話す

……主語と述語をはっきり

主語 ➡ 述語

数字・データで示す

……あいまい語
（かなり、そうとう、まあまあ…）
は使わない

簡素に話す

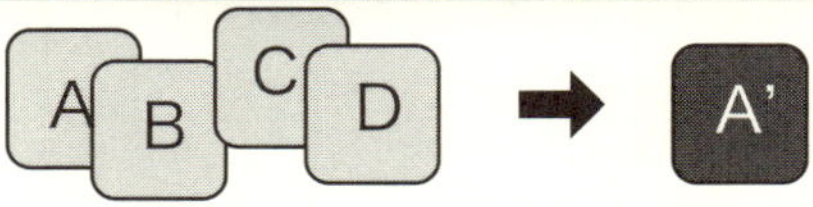

事実に対して正確に率直に話す

具体的に話す

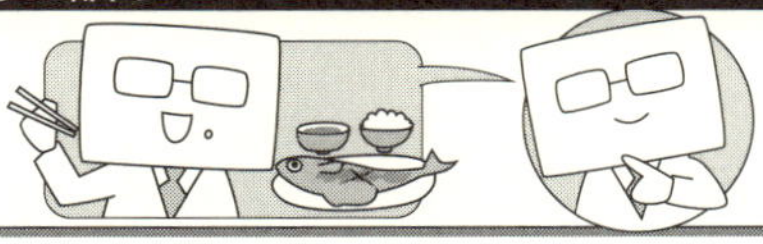

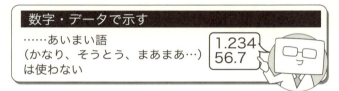

売れる道具 4

ターゲティング

本当のお客は誰か、それをきちんと見極める

多くの営業マンは、どのように売るかわからなくて苦労している。ただ、その前に重要なことがある。それは誰に売るかである。たとえば、あなたがディーラーであるとして、若い夫婦がお客として訪れた。

あなた「ご主人、買い換えですね?」

ダンナさん「家族が増えたんで、今の車だと狭いんだよ」

あなた「そうですね。なら、こんなワンボックスカーとか、ワゴンなんてどうです?」

ダンナさん「それもいいよね。ねっ、君はどう思う?」

奥さん「そうねえ。大きいほうが楽よねえ」

さあ、これからどうするか。問題はどちらがキーパーソンなのか、ということだ。この場合、ターゲットは奥さんである。

「この車なら買い物でも便利ですよ。大きくないから銀座などにショッピングに行くときも苦になりませんし……」

誰をターゲティングするか、次の図を参考にして判断してほしい。

ターゲットを見抜く術

1. シャープで
切れ味のいい人物

仕事ができる、ということで
決定権がある

2. 会話で主導権がある

自分の意見を積極的に
述べている

3. 座る位置　上座にいる、ということで身分を判断する

売れる道具
5

口コミマーケティング

●キーパーソンから自分を口コミしてもらう最強の営業術

「口コミ」を利用したマーケティング手法が、現在もてはやされている。バズマーケティング（蜂がぶんぶん飛ぶ音から口から口へと伝えていく意）とかバイラル・マーケティング（ウイルスのように感染して広がる意）とも呼ばれる。インターネットが普及した現代、プロモーション情報をフェイスブックやツイッターなどSNSを利用して拡散するのは当たり前の手法となった。

調査によれば、何と言っても信頼できる商品情報のナンバーワンは口コミによる情報だという。その結果、多くのブレイク商品が、現実に口コミから生まれているのだ。

口コミはどうすれば広まるのか。それは「口コミしてくれる人」に、情報を流すことがカギだ。あえて女子高生に情報を流す家電メーカーもある。娘→お母さん→近所の奥さん→最後にダンナさん、という情報伝播効果を狙ったものだ。いきなりダンナさんでは、情報が広がらない。

ここで営業術として重要なのは、自分の情報を流すキーパーソンを見つけることだ。実は、トップセールスマンのほとんどは、キーパーソンをつかむことによって成功している。このキーパーソンさえつかめば、その人がどんどん顧客を連れてきてくれる。俗にいう「紹介セールス」が成立するわけだ。

キーパーソンの構図

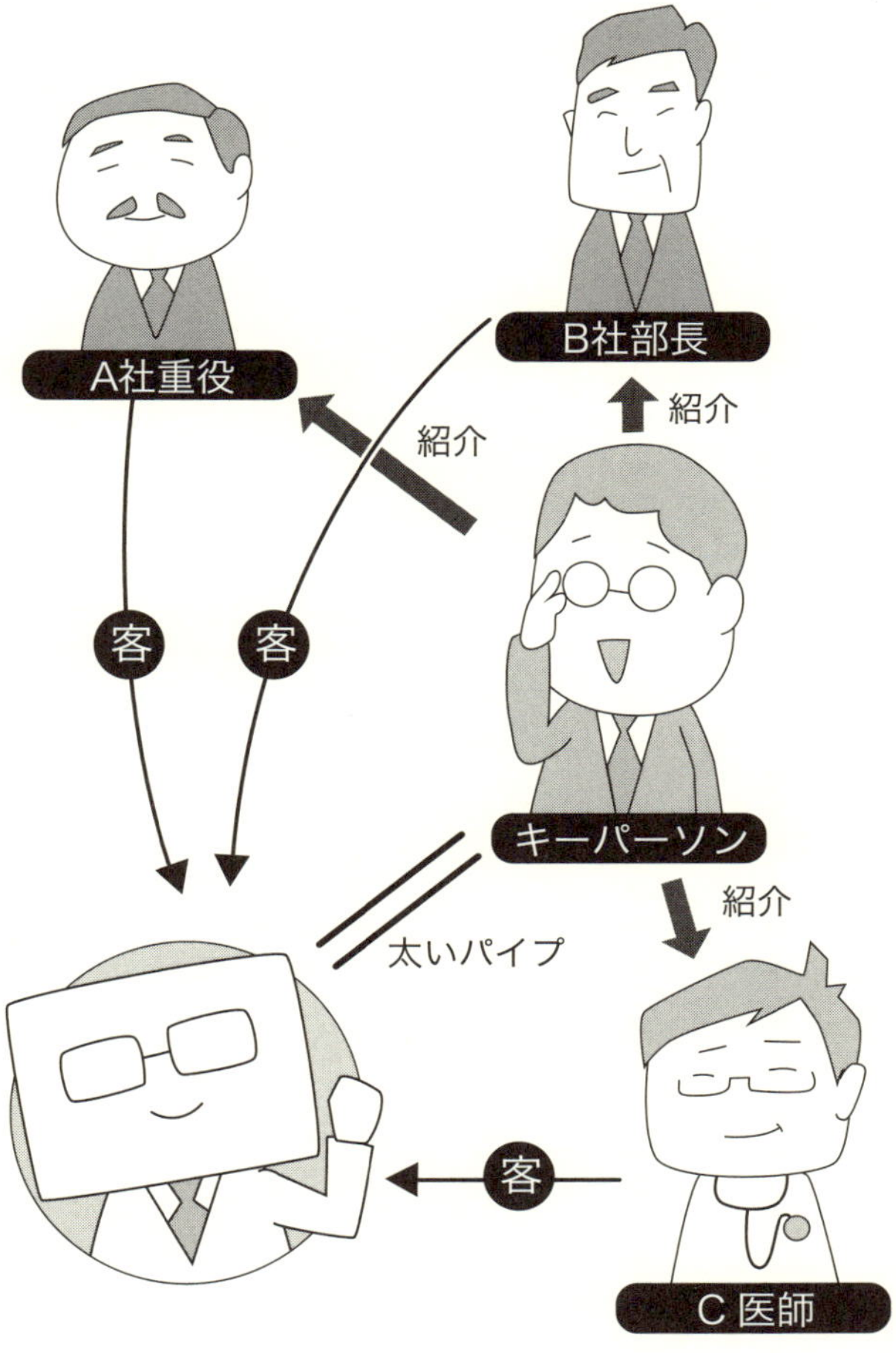

売れる道具 6

沈黙

話すだけでなく、黙る技術を身につけること！

トップ・セールスマンとか、接客の名人などと呼ばれる人を見ていると、いくつか共通する点があることがわかる。黙るのが上手いというのも、その一つである。

たとえば、電器製品を買うとする。こっちにはこんなトクがある。こっちにはないけど、その分、安い。

「どうしよっかな……」

このときである。上手い営業マンは、本当に上手に沈黙している。そして再び提案する――この間が実に、こちらが切り出そうとするタイミングにピタッと合っている。

なぜこれができるのかというと、答は一つ。つまり、「お客と一緒に考えることができる」のである。これはお客に共感していなければできない。実は、売るために大事なことはここにあると、私は思うのだ。一流の営業マンほど、口べただ。いや、言葉を換えて言えば、沈黙を味方につける名人だ。

講演でも、会場がざわつくと黙っていればいい。「なにを話すんだろう」と一分手静かになる。ヒトラーの演説手法がまさにそれだった。

"間"の効果

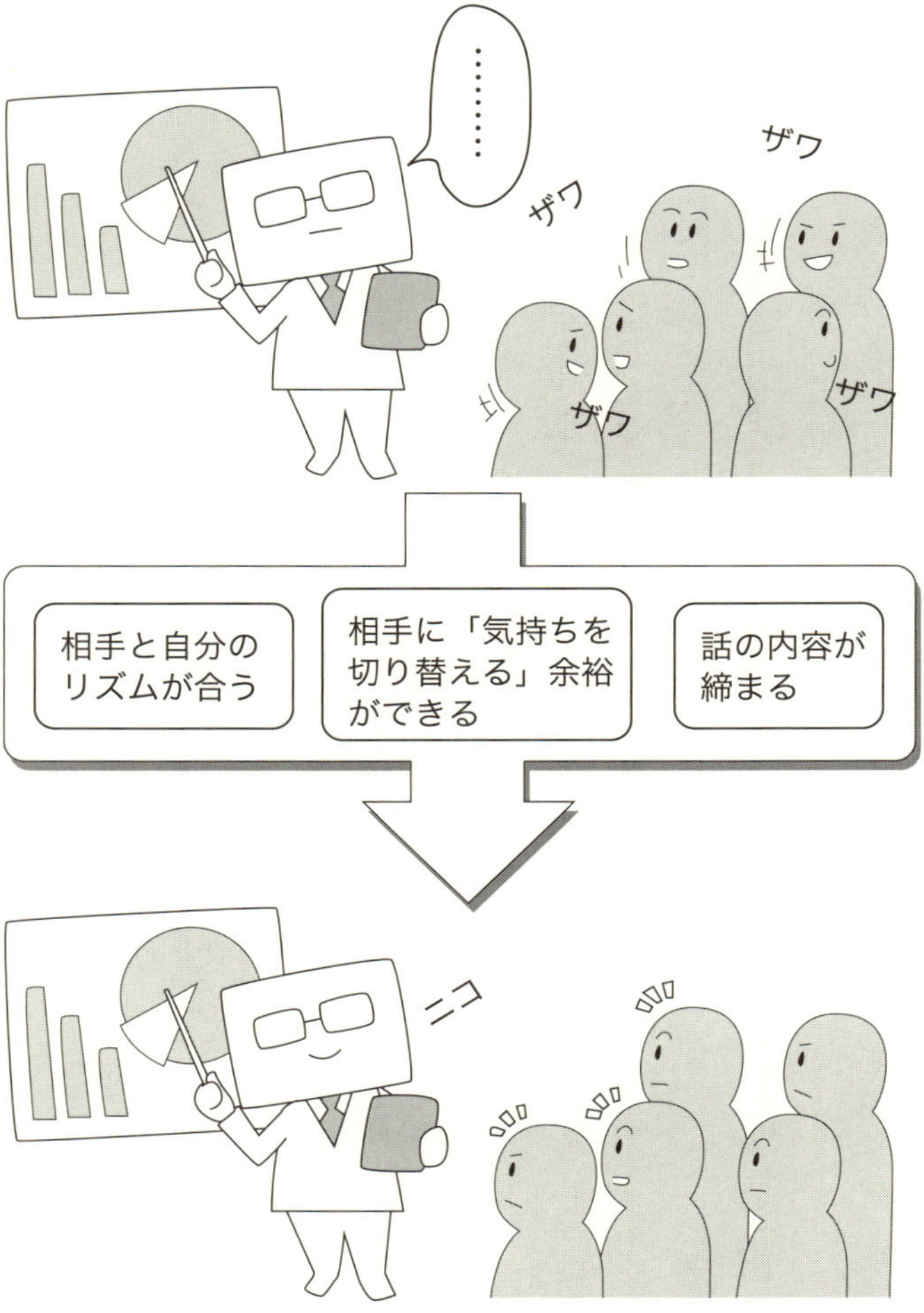

売れる道具 7

お友だち営業

お客との関係がこうなってしまえば、売上は知らぬ間に上がっている

前項では、お客と一緒に考えるのが、売るために大事なことだと述べた。どうしてお客と一緒に同じことを考えるのか。それは、お客にとって最もトクになることが、あなたの利益になるからである。これが「ウィン・ウィン」ということだ。鈴木敏文さんも言っている。お客のためにどうするかでなく、お客の立場になって考えろと。お客のためにどうするかとは分析屋の手法である。

では、「その立場に立って」考えるにはどうするか。

これを最も端的に実践する法が、お客と「友だちになってしまえ」というものだ。それなら相手が喜ぶにはどうすればいいか、ごく自然に考えることができる。

たとえば、ある会員制の美容院は、最初にお客さんに顧客カードを作ってもらう。そこには誕生日なども記入されている。そして、お客の誕生日になると、直筆の心のこもったバースデーカードを送るのである。

友だちだから、そう考えれば確かに誕生日におめでとうは言う。でも、こんな心配りが、顧客の心をつかんで離さない結果になるわけだ。

お客と“お友だち”になる

先日のアレ、ありがとうございます
よろこんでもらえてよかったです～！
この前、お店に来ていただいのはいつだっけかな
あれから何かいい情報入ってたかな？
たしか誕生日は…
好みはなんだっけ？
友だち

売れる道具 8

ブランド・ビルディング

この信頼感があれば、ほうっておいても商品は売れ続ける

セブン・イレブンの話をしたが、同じ商品が圧倒的に他の店よりも売れる、これがブランドの力である。考えてみてほしい。BMWにヴィトンのバッグ、みな高額商品にもかかわらず売れ続けている。これが不況と呼ばれる今の現状なのだ。

では、ブランドはどうすれば生まれるのか？

それには徹底的に理念を貫くこと——これしかない。

たとえばノーと言わない接客で有名な米デパート、ノードストロームがある。ここではお客からの返品が自由、「必ず返します」が鉄則だが、有名な伝説がある。

あるときタイヤを持ってきて、「これ返品したいのでお金を返してください」と言ってきた客がいるというのだ。ちょっと待って！　実はノードストロームにタイヤなんて売っていない。

それでも店員は返品を受け取り、お金を返したという。「バカなことをする」と思うだろうか。

重要なことは、これが伝説として語り継がれているということ。とっぴな話までも、ありそうなことに聞こえる。これが「ブランドができている」ということであり、結果、客の信頼をますます獲得しているのである。

ブランドができる3段階

第1段階

顧客から見て：認　知

★知っている、有名
★選択の手間を省く

企業から見て：識別機能

★他の企業や商品と識別するための名前をマーク

第2段階

顧客から見て：信　頼

★期待を裏切らない
★選択リスクを避ける

企業から見て：品質保障

★製品やサービスの品質や信頼性の保障

第3段階

顧客から見て：愛　着

★思い入れがある
★選択自体が満足
★自己を表現できる

企業から見て：企業目的

★企業活動の目的や生活者への約束の象徴

＜博報堂ブランドコンサルティング『図解・ブランドマーケティング』（日本能率協会マネジメントセンター）より＞

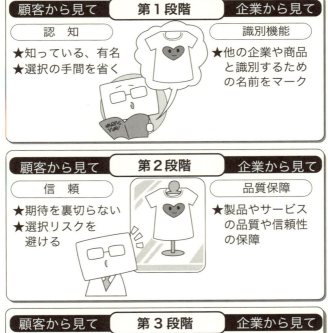

売れる道具 9

ヒット商品の法則

ブームに乗って投資しすぎてはいけない!?

ヒット商品ほど扱いに困るものはないかもしれない。たしかに売れ筋商品だけは絶対に切らさないようにと注意するし、もっともっと売ろうと努力する。だから、しばらくはヒットが続く。ところが、どんなものでもそうだが、そのうち飽きてしまうのだ。「もういい」「しばらくは見たくない」と食傷気味になってしまう。

そう、お客は移り気なのである。この人間心理がわからないと、「よし、ブームが来た!」「これからもっと売れるぞ!」といきなり勝負に出る。ヒットしたら飽きられるとは考えずに、材料を大量発注したり工場を拡張したりする。「売れているから安心」ではなく、「こんなに売れて大丈夫か?」と考える人だけが、ブームに踊らされずに次の手を繰り出せるのだ。

これは意識してそう考えるようにし向けないとなかなか起動しない。大脳生理学では、人は1日2万回もの想念を思い浮かべるが、このうち97パーセントがいつもと同じ発想で、違う思考をするのはわずか3パーセントしかないという。どんな情報をキャッチしても、97パーセントは無意識に(自動的に)いつもと同じように処理してしまう。前に紹介した「リバースシンキング」(逆転発想)を受け容れる可能性はわずか3パーセントしか残されていないからである。

2つの法則

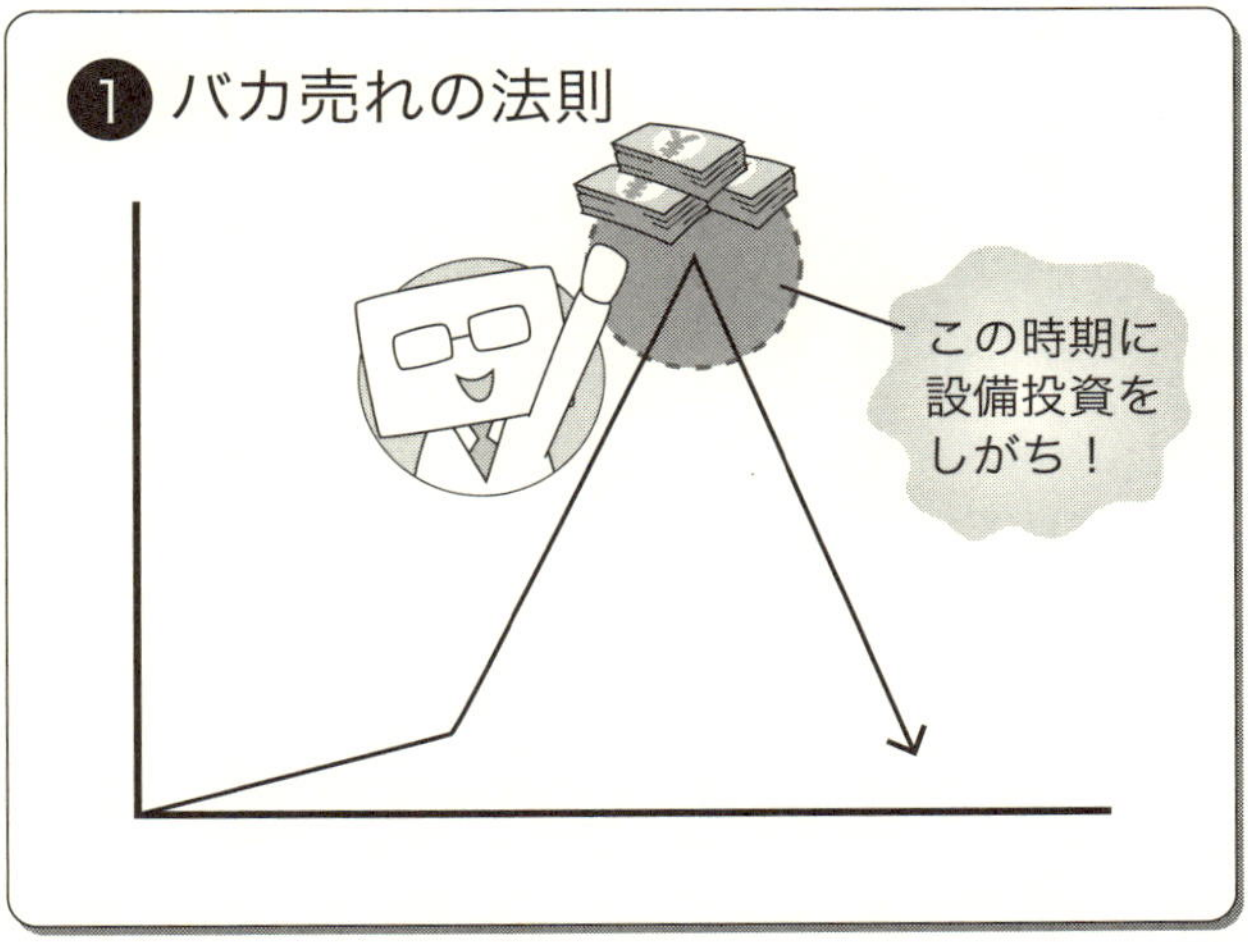
❶ バカ売れの法則
この時期に
設備投資を
しがち！

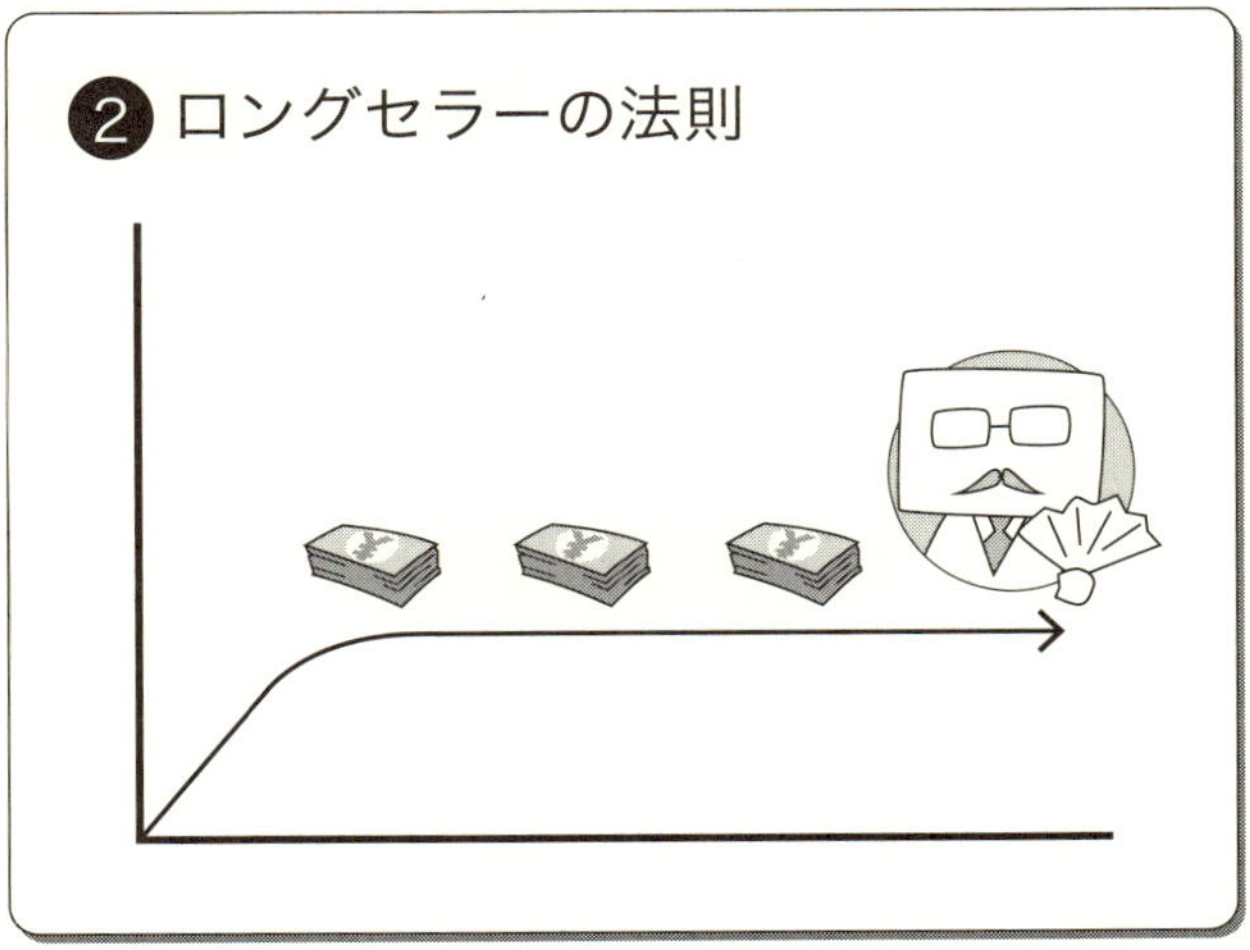
❷ ロングセラーの法則

売れる道具 10

ブルーオーシャン戦略

競争が激しい市場から競争のない市場へ

誰もいない漁場で釣り糸をたれれば、素人でも入れ食いだ。小さな釣り堀に何百人も押しかけたら、魚なんて釣れやしない。

前者のマーケットを「ブルーオーシャン」という。後者のマーケットは「レッドオーシャン」だ。

ブルーのマーケットは一番乗りが創業者利益を得られる。独り占めだ。一方、レッドのマーケットは競争が激しく、価格破壊で全滅してしまう。文字通り、赤字の嵐が抜きすさぶ。

どうせ苦労するなら、ブルーオーシャンを探した方がいい。誰かがやっていたらそこにはあなたが入り込む余地はない。あえての逆バリ。あえてのコントラリアン（へそ曲がりのこと）を仕掛けてみる。そこに勝機がある。

「これは他社でもやってるの?」「はい、ホンダや日産でもやってます」「じゃ、却下」

トヨタ1人勝ちの秘密がここにある。儲かる会社には儲かる理由がある。出世する人間には出世する秘訣がある。

いまの時代、一番乗りがごそっとマーケットを席巻《せっけん》してしまうのだ。あとはぺんぺん草も生えない。一番乗りしよう。もっともっと知恵を絞ろう。

レッドオーシャン&ブルーオーシャン

レッドオーシャン（競争の激しい市場）

つり人がいっぱい…

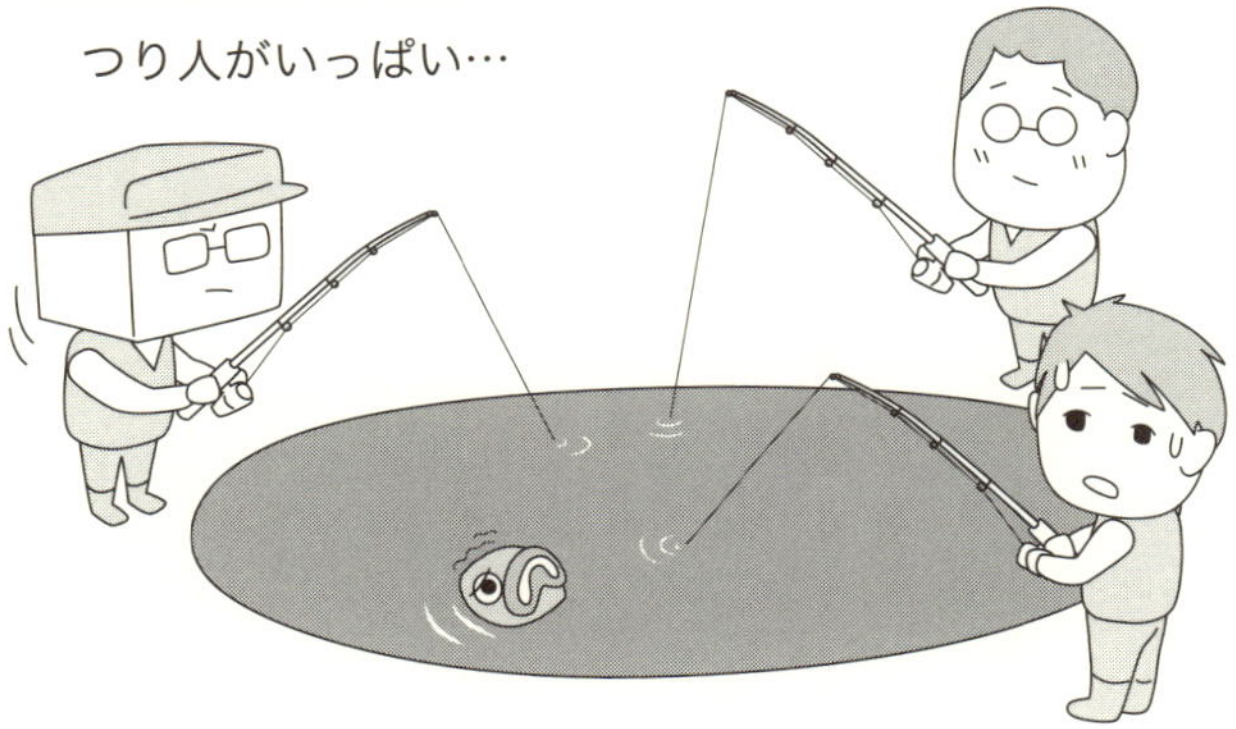

ブルーオーシャン（未開拓で競争のない新しい市場）

つり人が少ない！

9章

ストレスに負けない
心の道具箱

心の道具 1

速効リラクゼーション

一瞬にしてストレスを取り除く科学的方法

科学的にリラックスした状態を作る、そのためのスキルがこの方法だ。アメリカの心理生理学者ジェイコブによって開発された方法で、「段階的リラクゼーション」と彼は名づけている。その手順はいたって簡単、左図の通りである。

この方法は体に心理的満足感を短時間のうちに引き起こすもの。これによって脳から満足ホルモンなるものが分泌され、体はリラックスした状態になる。

基本的に呼吸だけの活用だから、非常に簡単である。おまけに通勤電車でもオフィスでもできる。苦労してお茶の時間を作ったり、音楽を聴いたりする時間も必要ない。忙しいビジネスマン向けの画期的なストレス緩和法といえるだろう。

人間はリラックスした状態に、一番、力を発揮する。癒しがツールとして必要なのも、実はそこに理由がある。これは集中力だとか創造力といった脳のパワーのみに限らない。

私の知人に、世界空手チャンピオンを3年連続で防衛した大男がいるが、彼は電車のホームで急いで走っていたときに、時刻表を見ていた一人の老婆に跳ね飛ばされてしまった。「人間は自然体のときが、一番強い」ということだ。

速効リラクゼーション

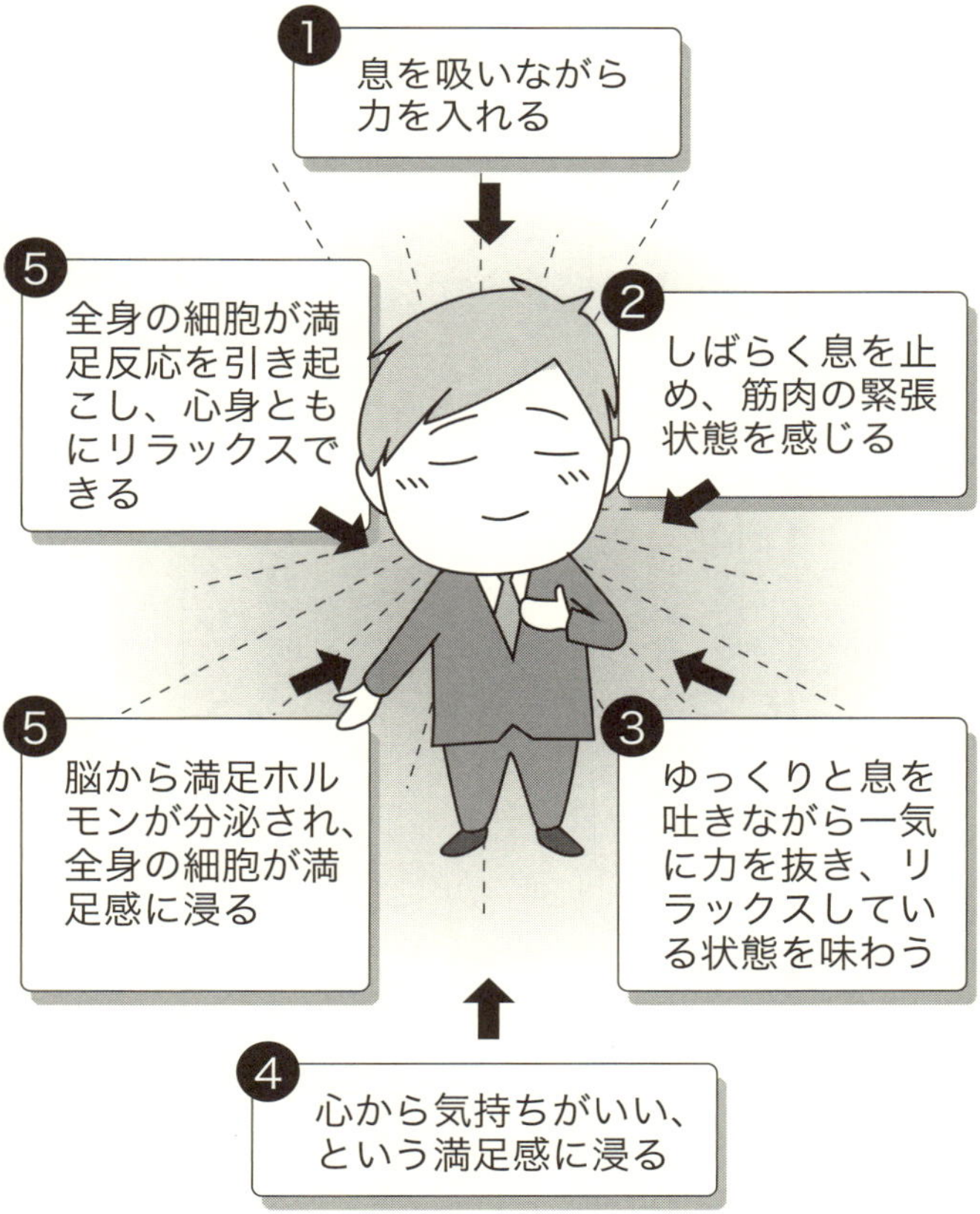
1 息を吸いながら力を入れる
2 しばらく息を止め、筋肉の緊張状態を感じる
3 ゆっくりと息を吐きながら一気に力を抜き、リラックスしている状態を味わう
4 心から気持ちがいい、という満足感に浸る
5 脳から満足ホルモンが分泌され、全身の細胞が満足感に浸る
5 全身の細胞が満足反応を引き起こし、心身ともにリラックスできる

心の道具 2

タイム・シフティング

あえて無駄な時間を作って生活に活気を取り戻す

「タイム・シフティング」も、アメリカで生まれたストレス緩和術。医学博士、ステファン・レクトシャッフェンによって提唱され、無限の時間を作り出す方法として全世界で喝采された。その著書『タイムシフティング』（NHK出版）には、図のような手段が紹介されている。

簡単に説明すれば、1日のうちのいつか、あるいは週や月のスケジュールのうちのいつかに、ギアを切り替える時間を作る。この小さな時間を作ることによって、残り時間が活性化し、ストレスや不安から自由になることができる、ということだ。

たとえば、「今に入りこむ」とは、1日のうちに数分でも〝ポーズ（一時静止）時間〟を作る。1分でいい、何もせずただ「いま自分がやっていること」を確認する。椅子に座っている、パソコンを見ている、呼吸をしているなど。定期的にやることが肝心だ。

また月一でも「空白の時間」を作ってみる。ちょうど予定がキャンセルになったとでも考え、とにかく思いつくまま好きなことをしてみる。こんな日があることで、他の日がずっと安定する、というわけである。

タイム・シフティングの方法

・今に入り込むこと
・時間に境界線を設けること
・ありふれた日常に敬意を払うこと
・空白の時間を作ること
・何でも自分のしたいことをすること
・修養の時間を作りだすこと
時間の境界線
15分、ただぼーっとしてみる
ぼー

心の道具 3

アロマ・セラピー

香りは脳に直接うったえかける！

私の仕事場は玄関からトイレにいたるまで、インドやネパールのお香の匂いが毎日ただよっている。何やら怪しい場所に来てしまったかと錯覚されるのも困るが、実は「アロマ・セラピー」なのである。私は海外旅行に行っても土産を買わない主義だが、お香だけは別、今では毎日使っても使い切れないほどある。

人間には五感というものがあるが、実は嗅覚というのは、脳に直接働きかけるものだ。大脳新皮質を経由せずに、海馬《かいば》や扁桃体《へんとうたい》といった身体機能を司る器官に効く。それは自律神経や内分泌系にそのまま作用し、精神を落ち着かせたり、興奮させたりといった状態を作ることができる。

最近では、オフィスで「アロマ・セラピー」を取り入れる企業も増えてきた。その効果は非常に大きいのである。

ただし、気をつけたいのは、お香も匂いによってその効果が違ってくること。その詳細は図を見ていただきたいが、企画を練るときには「ユーカリ」とか、執筆モードに入ったときには「ジャスミン」とか使い分けができる。ただリラックスのため、というだけではないのだ。

アロマ・セラピーの効果

リラックスしたいとき

「カモミール」
「ラベンダー」
「ベルガモット」
「イランイラン」
「ゼラニウム」

集中力を引き出したいとき

「ユーカリ」
「ペパーミント」
「ライム」「レモン」
「シトラス」
「ローズマリー」

戦闘状態に入るとき

「ジャスミン」

「オレンジ」

「ローズ」

心の道具 4

タイムマシーン

過去の自分を呼び覚ますメンタルトレーニング

たとえば今の仕事に行き詰まって、「もう辞めてしまいたい」と思ったとき。そもそも、なぜその仕事を始めたのか、原点に立ち返ってみたことはないだろうか。あるいは、すべてにやる気が出ない、というときでもいい。子どもの頃や、思春期の頃、理想に燃えていた頃はなかっただろうか。

有名病院でも患者の命を軽視した医者が逮捕されたりするが、ああいう輩にも、おそらく「医学とは何か」と、熱く燃えていた時期があったのではないかと思う。人間一度曲がってしまうと、そのままずっと曲がりっぱなしということが少なくない。初心忘るべからずとは、実際は難しいものなのである。

「タイムマシーン」とは、過去の自分を呼び覚ます、そんなメンタルトレーニングである。方法はいたって簡単、寝る前に精神を集中し、幼い頃や過去の記憶をじっと思い返すというもの。これは過去にトラウマがあるという人にも、苦手意識を克服するのに使用できる。また、童心に返ることはストレスを除く効果もあるし、発想力を鍛える訓練にもなる、何より「忘れていた自分」を取り戻すことだってできるかもしれない。

タイムマシーンの手順

子供の頃を
思い出してみる
寝る前の静かな
時間帯にリラッ
クスした姿勢で
深呼吸を３回
肺に空気を
満たすイメージ

心の道具 5

安定打坐

宇宙エネルギーと一体になって、最高のリラックスを得る

「安定打坐《あんていだざ》」とは、昭和の大思想家、中村天風《てんぷう》さんも修行に取り入れたヨガの瞑想法である。天風さんといえば、政界や財界に多大な影響を与えた人物、東郷平八郎から松下幸之助まで、その教えに影響を受けた人を挙げればきりがないほどだ。

方法は図の通り。印を結び、クンバハカ（肩の力を抜き、肛門を締め、へその下の丹田に気を込める……以上を同時に行なう状態）から、合図とともに瞑想に入る。これを寝る前や朝の15分にやるといいという。この効果は、はかりしれないらしい。リラックスしてストレスが緩和されるし、集中力も鍛えられる、それに体内の自然治癒力まで上がる。このときに人間の波動は10ヘルツになり、これは地球の上空数百キロにある「電離層」の波動と一致する、という。

ということは、人間は瞑想を極めたときに宇宙からエネルギーを得ることができるのでは……と、あまり神秘的に考えていくのが本書の趣旨ではない。

いずれにせよ瞑想の効果は、多くの知識人が語っている。体にもよいとのことなので、お悩みの方はトライしてはいかがだろうか。

安定打坐の手順

❶ 印を結ぶ

人差し指を親指を甲で合わせ、他の指は内側に組む

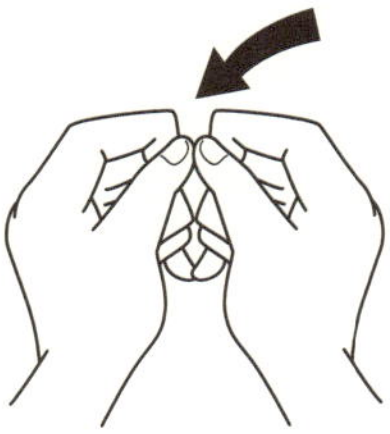

❷ 坐禅する

❸ クンバハカ

・肩の力を抜く
・肛門を締め
・同時にヘソの下に力を入れる

❹ 鐘をならし、音とともに瞑想に入る

10章

夢や目標を実現する人の成功の道具箱

成功の道具 1

地図脳

脳という名の白地図に描いたことしか実現しない！

すでにトニー・ブザンの「マインドマップ」という思考法を紹介した。実は私はこの方法をまったく知らなかったのだが、知らず知らずのうちに自分の人生の目標設定に、これを利用していたのだった。それが私の造語、「地図脳」である。

簡単に方法を説明すると、まず「自分がやりたいこと」を100項目くらいどんどん挙げてカードに書いてみる。とにかく一切の制約を捨て、「これはムリだ」「そんな夢みたいなこと」などと否定しない。まさに潜在意識の命ずるままである（詳しくは拙著『地図脳ですべてがうまくいく！』参照）。

このときは、できるだけ具体的なほうがいい。「たくさんの人脈を作る」でなく、「一年で365人の人脈」といった具合だ。「マインドマップ」のように絵や写真を入れてもいいだろう。また時間も今の段階では、アトランダムでいい。スケジューリングについては事項できちんと事項で述べる。

そうしたら、これらのカードをテーマに分けてグループ化してみる。そして優先順位をつけて、地図のように並べてみるわけだ。

わたしが24歳の時に考えた「地図脳」

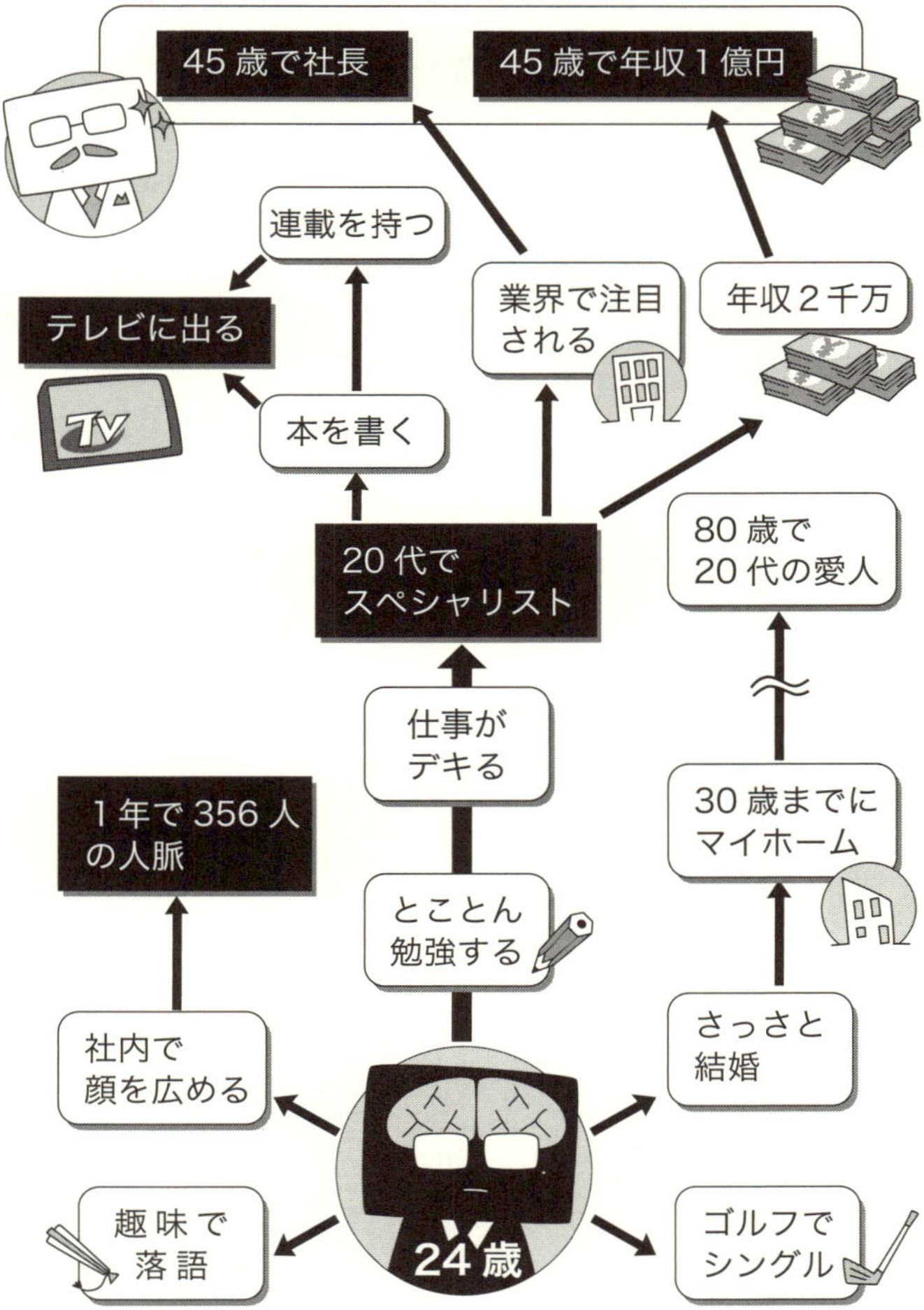

成功の道具 2

「100年計画」スケジュール

夢の実現に日付を入れよう

前項のように、自分の目的が「地図脳」で整理できたなら、今度はそれに「日付」を入れる作業をやってみよう。目的の一つひとつを時間軸で区切り、締め切りを設定するわけだ。

こうして締め切りを設けられた達成事項のうち、目安となるものを表にまとめてみる。こうしてでき上がった人生スケジュールが、「100年計画」である。

大事なことは、毎年、毎年これを見直すことである。今現在、自分は計画した通りにレベルアップしているか。実現できなかったことは、改めて目標にしてスケジュールし直す。だが、不思議なことに、私は20代のときにこれを作ったが、ほぼ計画通りのレベルで実現してきた。目標を具体化すると、それだけ力があるということだ。

この計画を作ると、自分自身が本当に望むことが何なのか。より鮮明に見えてくる。図を例にすれば、「おれは金融の世界にいるが、本当は政治家になりたかった」とか、「テレビに出て有名になることが、自分の夢なんだ」といった具合である。

本当に心から実現したいと思うビジョンが出たら、前項の地図やこのスケジュールもどんどんバージョンアップしていい。こうしてつかむものこそ、本当の成功なのではないだろうか。

「100年計画」スケジュール

- ▶26歳までに、さまざまな金融の商品をマスターする
- ▶30歳までに、金融の仕組みを理解し、ファイナンシャル・プランナーの資格をとる
- ▶35歳までに、MBAを取得。課長に就任
- ▶40歳で、金融関係の諸作を出版。これがベストセラーとなり、経済番組のコメンテーターとしてひっぱいだこになる
- ▶60歳で、海外に移住。スイスに大邸宅を建てる
- ▶80歳で、20代の愛人

80歳の夢だけは変わらないんですね
そのとおり

成功の道具
3

自分マーケティング

自分の売り方を客観的に分析してみる

「自分マーケティング」とは自分の特性を冷静に見つめ直し、その上で「なりたい自分」にスキルアップし、目標とするターゲットに自分を売り込んでいく、そんな手法だ。これを確立したのはHRインスティテュートというコンサルティング・グループ、『自分マーケティング！』という本で紹介されている。

さて、自分の売り方を知るには、まず自分がどんな商品なのかを知る必要がある。そこで重要になるのが、図の「ジブンブランド」というもの。要はマーケティングの基礎となる「4P分析」を個人に当てはめたものなのだが、これを記入することによって、これからの自分の磨き方とターゲット、すなわち自分が目指すべき業種、仕事、会社、業態などが明確になるというものだ。

「商品価値」とは自分の・得意技・、「プレゼンが得意」などのスキルでもいいし、根性だけは負けない、というのもあるだろう。市場価格とは自分を売ったとしての値段。今は人材バンクなどのホームページで調べられる。大切なのは客観的にやること。ターゲットがあるなら、そこから逆算して「商品価値に何を加えるか」を考えていくことだろう。

ジブンブランド「4P分析」

Product（商品価値）
- 文章が書ける
- 取材なら得意

Price（市場価値）
- 大作家は無理
- どちらかと言えば紹介の文がうまい

Place（エリア）
- 女性好み
- 情報はよくおさえている

Promotion（リクルート活動）
- 若い女性向けの雑誌を出している出版社はどうか

■プロモーション法＝AIDMA

AIDMA

- **A**…Attention　注意を引きつける
- **I**…Interest　興味をもたせる
- **D**…Desire　欲しいと思わせる
- **M**…Memory　記憶させる
- **A**…Action　行動させる

<HR インスティテュート『自分マーケティング！』（日本能率協会マネジメントセンター）より>

成功の道具 4

モデリング

獲得すべきスキルを身につける最も簡単な方法

「地図脳」で考えたり、あるいは「自分マーケティング」で自己分析していくと、どうしても目標を達成するにはここが足りないという部分が出てくる。

実はそれがあなたが磨くべき課題であり、これを獲得するのがあなたの戦略となる。1章で説明した「戦略思考」を用いいよう、ここに選択と集中をするわけだ。

欠けているものを手っ取り早く身につけるにはどうするか。最も簡単かつ、実践的な方法が「真似する」というものだ。このスキルならこの人という見本を見つけ、やり方を真似てみる。禅でも「学ぶ」「覚える」「悟る」という3段階の修行を実践するが、「学ぶ」とは「真似る」ことである。師匠のやり方をどんどん体得して、自分で解決できる段階を待つのである。

ところで、どんなビジネスをするにも必要となる六つの能力というのがある。それが図で紹介したものだが、この六つは『ガルシアへの手紙』という古典を訳したときに解説で扱ったもの。この本は一人の兵士の活躍を紹介した小冊子だが、全世界で1億人に読まれたという。真似るべき見本はつねに多くの人に求められる、ということだ。

モデリングで身につけるべき、ビジネス6つの能力

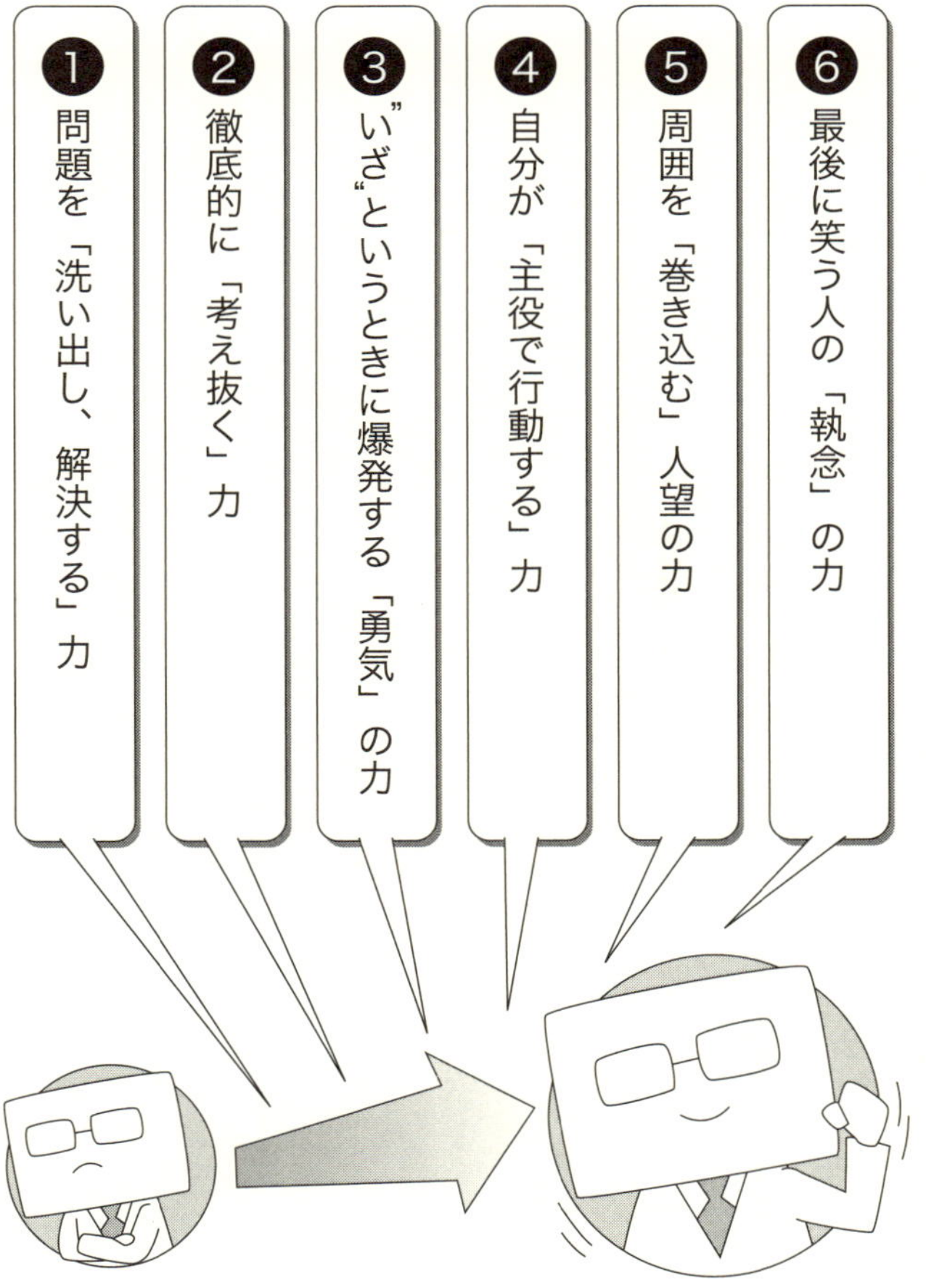

成功の道具 5

ジョハリの窓

成功する人間関係を作るための「四つの指標」

自分自身を見つめ直したら、次に自分の人間関係を見直してみたい。そこで指標となるのが図の「ジョハリの窓」である。これは心理学で有名な分析法で、ジョセフ・ルフトとハリー・インガムという二人の学者によって考案された。

たとえば「見えない窓」だと、相手の心が見えない分、自分がプレッシャーを受ける。

上司「君のやり方は間違っている！」

部下「いったい、どこが違うんですか」

という具合だ。逆に「隠された窓」だと、自分の本心を相手がわかってないので信用できない。

上司「こんなに君のことをかばっている上司はいないぞ」

部下「はい（……もうこの人の下にいるとやる気がなくなるよ！）」

つまり、「見えない窓」の場合はもっと相手の心の内を知る必要があるし、「隠された窓」の場合は積極的に情報開示していく必要がある。こうして「明るい窓」に近づけていくことが、人間関係にも成功する方法なのである。

ジョハリの窓

		自分自身が	
		知っている	知らない
周囲の人々が	知っている	**明るい窓** (open self) 自分も他人も 知っている自己	**見えない窓** (blind self) 自分は知らないが 他人は知っている 自己
	知らない	**隠された窓** (hidden self) 自分は知っているが 他人は知らない自己	**暗い窓** (unknown self) 自分も他人も 知らない自己

成功の道具 6

分身の術

人脈が不可能を可能にする

目標を達成するために、人間関係というのはとても大事である。これは私自身が人脈の達人と呼ばれ、若いころから勉強会などを主宰してきた立場からも、はっきりそう言える。もちろんプライベートでもそうだが、結局は「明るい窓」の関係でないと信頼できないのである。

逆に人間関係が好転すれば、仕事面でも俄然有利になる。たとえば、それぞれが持っているスキルとかプロフェッショナルな能力がある。これをやはり「地図脳」で整理してみるのである。そうすると強力な人脈マップができあがる。そこにいるのは皆、いざというときに頼れる人間なのだ。

だから、私は「分身の術」などと呼んでいるのが、多くのプロジェクトでさまざまなプロフェッショナルたちと手を結ぶ。そして自分の代わりに考えてもらう、のである。こうすれば通常は登れない山でも、登ることができる。おまけにプロたちだから、質もよくなる。つまり人脈さえあれば、どんな夢も不可能でなくなるのである。

分身の術

営業のBさん
交渉・説得のプロ
経理のAさん
お金のプロ
企画のCさん
プレゼンテーション
のプロ
自分のまわりに何人
プロを持っているか
が勝負
受付のOさん
人を見るのプロ
飲み友だちや同期・
サークルの仲間も
“分身”の候補だ
情報のEさん
OA・コンピュータのプロ

※本書は、『仕事の道具箱』（２００４年・小社刊）、『発想の道具箱』（２００８年・同）を基に新たな項目と多くの図解を加え、再編集したものです。

著者紹介

中島孝志　東京都出身。早稲田大学政経学部卒業。南カルフォルニア大学大学院修了。PHP研究所、東洋経済新報社を経て独立。経営コンサルタント、経済評論家、ジャーナリスト、大学・ビジネススクール講師等で活躍中。原理原則研究会、松下幸之助経営研究会、日曜読書倶楽部を主宰。講演・セミナーは、とくに銀行、メーカー、外資系企業で人気を呼んでいる。『仕事ができる人の「しないことリスト」』(三笠書房)ほか著訳書は270冊、プロデュースは延べ500人を超える。読書は年間3000冊ペース。スマホやタブレット端末で聴ける音声&テキスト「中島孝志の 聴く！通勤快読」「読む！通勤快読 宅配便」をほぼ毎日配信中！

●ホームページ　http://www.keymannet.co.jp/

〈決定版《けっていばん》〉一流《いちりゅう》のプロの“頭《あたま》の中《なか》”にある
仕事《しごと》の道具箱《どうぐばこ》

2015年2月10日　第1刷

著　者　中《なか》島《じま》孝《たか》志《し》
発行者　小澤源太郎

責任編集　株式会社 プライム涌光
電話　編集部　03(3203)2850

発行所　株式会社 青春出版社
東京都新宿区若松町12番1号 〒162-0056
振替番号　00190-7-98602
電話　営業部　03(3207)1916

印刷　共同印刷　製本　大口製本

万一、落丁、乱丁がありました節は、お取りかえします。

ISBN978-4-413-03943-7 C0030